ENSINAMENTOS ANTIGOS PARA INVESTIMENTOS MODERNOS

RODRIGO HIDALGO

ENSINAMENTOS ANTIGOS PARA INVESTIMENTOS MODERNOS

© Rodrigo Hidalgo, 2023
Todos os direitos desta edição reservados à Editora Labrador.

Coordenação editorial Pamela Oliveira
Assistência editorial Leticia Oliveira, Jaqueline Corrêa
Projeto gráfico, diagramação e capa Amanda Chagas
Preparação de texto Lívia Lisbôa
Revisão Vinícius E. Russi
Imagens de capa Gerada em prompt Midjourney por Rodrigo Hidalgo

Dados Internacionais de Catalogação na Publicação (CIP)
Jéssica de Oliveira Molinari – CRB-8/9852

Hidalgo, Rodrigo
Ensinamentos antigos para investimentos modernos / Rodrigo Hidalgo.
São Paulo : Labrador, 2023.
192 p.

ISBN 978-65-5625-380-0

1. Finanças pessoais 2. Investimentos I. Título

23-3939   CDD 332.024

Índice para catálogo sistemático:
1. Finanças pessoais

Labrador

Diretor-geral Daniel Pinsky
Rua Dr. José Elias, 520, sala 1
Alto da Lapa | 05083-030 | São Paulo | SP
contato@editoralabrador.com.br | (11) 3641-7446
editoralabrador.com.br

A reprodução de qualquer parte desta obra é ilegal e configura uma apropriação indevida dos direitos intelectuais e patrimoniais do autor.
A editora não é responsável pelo conteúdo deste livro.
O autor conhece os fatos narrados, pelos quais é responsável, assim como se responsabiliza pelos juízos emitidos.

Para...
meu coração de Dragão, Lorenzo;
minha Princesa Fiorella;
minha esposa e meu grande amor, Pamela.

Agradeço profundamente aos grandes mestres que cruzaram minha vida e com os quais tenho a honra de continuar a caminhar junto, a um passo atrás.

A meu pai, Sérgio Hidalgo, que personifica o sentido mais puro da coragem: ter graça e leveza debaixo de fogo cruzado.

Ao meu mestre da vida, Jou Eel Jia.
Palavras simplesmente não fazem jus à sua sabedoria.
Por isso, silêncio.

Ao meu mestre marcial, Miele. Suave por fora e, por dentro, um exército espartano.

Ao meu professor André Maialy.
A genialidade na sua forma mais pura. Indomável.

Por eles, descobri quem almejo ser.
Sereno e quieto... movido pelo fogo selvagem.

SUMÁRIO

Introdução — 13

O que você precisa saber antes de investir — 17
A fórmula de juros, reimaginada — 19
A resposta sempre está entre os opostos — 21
O que você precisa entender — 25

Mindset — 29
A mentalidade de iniciante — 31
O pensamento elástico de Mlodinow — 35
Heróis não ganham guerras. Assimetrias, sim! — 37
Pensamento elástico e o efeito *Einstellung* — 41
Como aplicar o pensamento elástico? — 44
A mão fria e inevitável de Bernoulli — 47
Mudança de paradigmas — 49
Melhor que talento: disciplina — 50
Importância da mentalidade no budismo — 54
Vamos olhar pelo lado negativo? — 60
Olhos de libélula — 62
Construção de novos hábitos — 64
O papel da memória — 66

O ser e a busca pela felicidade — 68
O caminho da felicidade de Buda — 68
Os fundamentos do budismo — 70
O que é a iluminação, então? — 70
Eudaimonia — a busca dos antigos pela felicidade — 71
Solve For Happy — 73
Por que nos colocamos nessa armadilha? — 74
Como aplicar isso aos investimentos? — 74

Vieses cognitivos — 76
Viés da confirmação — 81
Aversão à perda — 82
Viés retrospectivo ou Percepção tardia — 83
Viés da ancoragem — 88
O excesso de confiança — 89
O papel do efeito de enquadramento — 90
Por que somos tão facilmente influenciáveis? — 91
Os nossos dois "eus" — 93
Como não se deixar enviesar? — 94
Mostrem-me os fatos — 95

A boa notícia: neuroplasticidade — 97

Eterno aprendiz — 102
Sobre determinação e força mental — 104
Não, não é talento — 106

Corredor da incerteza — 107
Caminho da menor resistência — 110
Técnicas de aprendizado — 112
Não está nos livros de finanças — 115
Nove Lições da *Odisseia* — 116
Macbeth e o investidor: o perigo do retorno pelo retorno — 118
O limite não existe — 119

Finalmente, investimentos — 121
Lifestyle Investments — 121
O que é o *lifestyle investment*? — 122
Os três grandes tipos de carteira — 124
O que — realmente — é importante — 126
A física do problema — 128
O que é risco? — 129
Importância do intervalo de confiança — 135
Entendendo a dinâmica de mercado e os quadrantes — 137
Ok, mas em quais ativos devo investir? — 139
Seus objetivos — 143
O método SMART para estabelecimento de metas — 148
O livre-arbítrio não nos torna, de fato, livres — 150
A verdade saindo do poço — 153
O grande esquema das coisas — 155
Seguir o fluxo está prejudicando você — 156

Filosofando sobre o papel do tempo — 158
A dinâmica da vida — 158
Um pouco de filosofia — 159

Meditação — 163
O que incomoda — 165
Só vai mudar a sua vida se você mudá-la — 165
A âncora — 166
Meditar, não Me Deitar — 167
Sua técnica — 168

Conatus na prática — 169

Finanças Pessoais — 171
O que é o longo prazo? — 171
A estratégia que "nem Deus pode vencer" — 172
Os ruídos e os sinais — 175

O melhor termômetro do sucesso — 177
Pague o preço, sem contabilizar os custos — 181

Não amaldiçoe o demônio que lhe estendeu a mão — 183
Menos ego, mais oportunidades — 185

Epílogo: A AXIOM e a nossa missão — 187

Referências — 189

INTRODUÇÃO

Para a leitura desta obra, somente um elemento se mostra fundamental: o desejo de questionar o que você conhece como status quo, seja na sua vida pessoal ou no mundo dos investimentos. Não seria estranho se perder completamente em meio às páginas, somente para se encontrar renovado, ao final de cada capítulo. Aqui pretendo quebrar paradigmas, questionar supostas "realidades" e compartilhar a minha experiência pessoal como habitante deste vasto e complexo universo financeiro, espiritual e filosófico.

Pode-se dizer que não tenho uma biografia convencional. Afinal, quantos podem falar que saíram do sucesso de uma banda de rock e construíram uma carreira como investidor e consultor financeiro? Um pouco mais sobre isso: meu pai trabalhou no mercado financeiro, bem como a minha irmã. Quando eu saí do colégio, fazia parte da banda MindFlow, e essa foi a minha carreira durante anos. Mesmo lendo muito sobre finanças, nunca me senti confortável conversando sobre o assunto, pois pensava que não tinha muito a agregar nesse tema. Com o tempo, a vontade de discutir sobre o que havia lido foi aflorando, e montei uma consultoria em finanças para empresas, que hoje se tornou a AXIOM Capital.

Passei anos ouvindo e absorvendo o conteúdo que agora se consolida em tinta no papel. Tomara que você esteja se perguntando o porquê da demora, assim aproveito a deixa para explicar um pouco da filosofia que será abordada neste livro. Primeiramente, partimos do pressuposto de que o tempo é a nossa real riqueza, que trabalha como um grande motivador implícito das coisas. Tudo na nossa vida é movido pelo tempo; nós temos relógios biológicos, instalados no nosso sistema, desde antes do nascimento, e os regulamos ao longo da vida para nos integrarmos com o relógio do convívio social. O hoje é tudo o que temos, pois o amanhã está sempre fora de alcance, e nunca conseguiremos reviver o ontem. É óbvio que, quando o amanhã chega, torna-se o hoje; e o hoje, quando acaba, converte-se na saudade do ontem.

Tudo isso para dizer que este livro não se conforma ao imediatismo que existe atualmente no mercado financeiro. Se você busca um manual de "como se tornar um milionário em 10 etapas", esta leitura não lhe dará o que você procura. A teoria contida neste livro está intrinsecamente relacionada às minhas experiências com o budismo, a filosofia antiga, a física, entre muitas outras curiosidades da natureza que me chamam tanto a atenção. Não estou aqui para doutrinar sobre o melhor método de investimento que existe, ou como montar uma carteira que regularmente "bate o CDI". Quero questionar a aceitação das verdades absolutas e dos axiomas financeiros e contribuir para a formação da ferramenta mais útil que você pode ter, ao adentrar o universo financeiro: sua mentalidade.

A nossa mentalidade é o principal elemento determinador do nosso sucesso. Com o mindset correto, é possível sair das situações mais desafiadoras com maestria, e adquirir conhecimentos valiosos das mais diversas fontes ao longo da nossa trajetória. Meu primeiro encontro com a importância da mentalidade foi aos sete anos, enquanto meu pai me levava para uma competição de judô. Estava sentado no banco de trás, perdido nos meus pensamentos lúdicos, quando me deparei com uma frase bordada na parte interna da minha faixa azul: "se você achar que pode perder, já está derrotado". Essa imagem se agarrou à minha consciência e ainda influencia minhas decisões hoje, quase trinta anos depois.

No contato com as artes marciais e com o budismo, aprendi muitas das lições aqui contidas. Nos treinamentos de hapkidô, quando tinha que deixar meu braço na posição da árvore por horas sem fim, entendi o valor da disciplina e da resiliência, e o poder que a nossa mentalidade tem sobre o nosso corpo. Vim, por meio destes textos, compartilhar com vocês a minha jornada, com a esperança de cumprir um papel de Sr. Miyagi para aqueles que buscam transformar seus comportamentos e hábitos como investidores.

Espero que você encontre, nesta mistura de filosofias, dentre as minhas elucubrações, analogias e histórias, as respostas para as perguntas — por vezes existenciais — que assombram muitos de nós. Longe de mim responder de onde viemos, para onde vamos ou quem somos. O meu papel é ajudar você a identificar os seus objetivos, seus fundamentos e os conflitos internos que estão dificultando a realização dos seus sonhos.

O QUE VOCÊ PRECISA SABER ANTES DE INVESTIR

*Mantenha a simplicidade, faça menos
e administre a sua estupidez*
Barry Ritholtz

*Menos é mais. O processo de investimento deve ser
mais importante que os resultados*
Ben Carson

A resposta está sempre na natureza. A geometria fractal, introduzida por Benoit Mandelbrot em 1975, constata que o todo pode ser dividido em partes semelhantes, em menor escala. Uma árvore, por exemplo, tem galhos que, por si só, são pequenas árvores. E montanhas possuem pedras que são pequenas montanhas. A geometria fractal é uma parte da matemática que tenta explicar eventos que não cabem na ciência euclidiana. Observe o floco de neve de Koch na próxima página. Cada lado do triângulo gera outro triângulo, criando um padrão que segue indefinidamente.

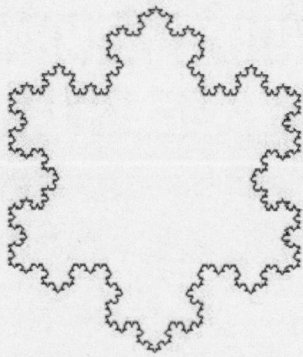

Figura 1: Floco de neve de Koch.

Nota-se que o crescimento na natureza é exponencial. Desde a multiplicação das bactérias até uma simples onda no mar. Para termos crescimento, faz-se necessária a presença de três variáveis específicas: o substrato inicial, a taxa de crescimento e o tempo.

O curioso é que você pode e deve usar esses conceitos a seu favor quando se fala de investimentos. Falar que devemos poupar parte da nossa renda, investi-la e esperar para colher os frutos é quase uma platitude. Mas então por que não conseguimos seguir essa ideia tão basilar?

A resposta é mais simples do que parece: nos falta uma, duas, ou três das variáveis indutoras de prosperidade comentadas anteriormente. Elas são as engrenagens da natureza. Geralmente, isso ocorre porque nos falta a capacidade de vislumbrar o crescimento exponencial. Somado a esse fato, há também o desconto hiperbólico, que é a predileção aos benefícios imediatos em detrimento de ganhos superiores, no futuro. Por fim, tudo isso se junta com a ansiedade inerente ao ser humano.

Um pouco mais sobre o desconto hiperbólico: basicamente, designa a diferença entre o valor que damos a um benefício quando recebido no presente — ou no futuro. Ele faz com que você valorize mais as recompensas imediatas, dificultando muito o seu planejamento financeiro.

É crucial lembrar que o desconto hiperbólico está diretamente relacionado ao valor que nós atribuímos ao nosso futuro. Se você planeja viver até os 75 anos, é mais provável que suas decisões valorizem mais as recompensas ao longo prazo do que as de alguém que vive cada dia como se fosse o último.

Hoje, bastante estudada, a continuidade temporal é fundamental para entendermos a causalidade e o encadeamento dos eventos. Imagine você viver em um mundo estroboscópico, onde perdemos partes dos eventos ou apenas vivenciamos o tempo de forma discreta, aos saltos. Uma pessoa caminhando em nossa direção, nesse mundo estroboscópico, seria como participar de um filme de suspense paranormal. Quanto maior o intervalo entre os eventos, menor é a nossa percepção de causalidade. Se você come um sanduíche estragado e, depois de dez anos, tem uma forte cólica, dificilmente atribuirá o forte desconforto àquele lanchinho de uma década atrás. Se os efeitos deletérios do cigarro fossem imediatos, não haveria a indústria trilionária do tabaco. Analogamente, mais pessoas entenderiam a importância dos investimentos, se não fosse o longo prazo.

A fórmula de juros, reimaginada

Saber que devemos poupar, investir e esperar não é suficiente. Temos que vencer a necessidade de consumir (que pode ter inúmeras causas), nos empoderarmos com conhecimento, para tomarmos as melhores decisões de alocação de capital e vencermos a poderosíssima força da ansiedade — para, finalmente, contemplarmos as forças da natureza, em ação. Isto posto, resolvi reescrever a fórmula matemática formal dos juros compostos, evidenciando os três indutores e atribuindo, a cada um deles, substantivos palpáveis — que são os guias psicológicos ou as palavras-chave capazes de alterar o comportamento e, consequentemente, fazer com que a prosperidade seja alcançada.

$$VF = VP \times (1 + i)^n$$

Humildade — VP
Disciplina — n
Sabedoria — (1 + i)

AÇÃO	Matemática	Palavra - Chave
Poupar	Valor Presente (VP)	Humildade
Investir	(I + i)	Sabedoria
Esperar	n	Disciplina
Colher	Valor Futuro (VF)	Prosperidade

Figura 2: Valor futuro reimaginado. Fonte: Elaborada pelo autor.

Para **poupar**, precisamos nos desapegar. Pode parecer paradoxal ter que abandonar para conseguir acumular; mas esta é a chave. Precisamos abrir mão do ego, dos prazeres instantâneos e do status. Para isso, faz-se necessário o treino da humildade. A humildade é a palavra-chave que nos permite poupar cada vez mais. Trata-se do substrato inicial.

A **sabedoria** nos permite conhecer as fraquezas e fortalezas, de modo a acumular conhecimento e potencializar tudo o que poupamos. É a taxa de crescimento à qual expomos o valor presente. Para isso, necessita-se de dedicação e interesse. É crucial procurar entender os fundamentos dos ativos financeiros e como eles atendem às suas estratégias de alocação.

Por fim, deve-se **esperar**. N é o expoente. É este o indutor que catapulta seu esforço para poupar e investir. O n exprime o caráter exponencial à natureza: o tempo que simplesmente existe, mas escapa entre nossos pensamentos. É a **disciplina** de se manter constante na inconstância, achando equilíbrio não estático.

Estabelecemos que humildade, sabedoria e disciplina levam à prosperidade, mas ainda não temos um caminho certo para desenvolver essas habilidades. Claro que existem milhares de maneiras diferentes, mas um só exercício engloba o treino de todas essas características: a meditação.

A resposta sempre está entre os opostos

Um só grão de areia não forma um monte. Se um grão não forma um monte, então dois também não. E, se dois grãos não formam um monte, então três também não. Se seguirmos esse raciocínio, nem um milhão de grãos de areia formam um monte. Todos nós concordamos que um monte de areia existe, certo? Mas quando, exatamente, um monte se torna monte, através da adição de grãos? Qual é o grão que faz o monte?

Essa questão foi abordada pelo filósofo grego Eubulides de Mileto e é conhecida como o Paradoxo Sorites. É claro que existe algo de errado com esse raciocínio. A falha se encontra na vaguidão da lógica formal, na qual apenas o sim e o não ou o verdadeiro e o falso são possíveis. Ou seja, a lógica linear é rígida demais para conter a natureza. A vida é um fluxo, um continuum entre um grão solitário e um monte — e não apenas a bivalência do sim e do não.

Menander, rei indo-grego que reinou Bactria (atual Afeganistão e Uzbequistão), perguntou ao monge budista Nagasena sobre a natureza do eu e da identidade pessoal. O monge saudou o rei, reconhecendo que Nagasena era seu nome, mas que esta era apenas uma designação; nenhum "Nagasena" individual permanente foi encontrado.

Isso divertiu o rei.

— Quem é que veste túnicas e pega comida? — ele perguntou. — Se não houver Nagasena, quem ganha mérito ou demérito? Quem causa o carma? Se o que você diz for verdade, um homem poderia matá-lo e não haveria assassinato. "Nagasena" não seria nada além de um som.

Nagasena perguntou ao rei como ele havia chegado ao seu palácio: a pé ou a cavalo.

— Eu vim em uma carruagem — disse o rei.

— Mas o que é uma carruagem? — Nagasena perguntou. — São as rodas, ou os eixos, ou as rédeas, ou a estrutura, ou o assento, ou o mastro de tração? É uma combinação desses elementos? Ou é encontrado fora desses elementos?

O rei respondeu não a cada pergunta.

— Então não há carruagem! — Nagasena disse.

O rei reconheceu que a designação "carruagem" dependia dessas partes constituintes, mas essa "carruagem", em si, é um conceito ou um mero nome.

— Da mesma forma — disse o monge —, "Nagasena" é uma designação para algo conceitual. É um mero nome. Quando as partes constituintes estão presentes, chamamos isso de carruagem.

Outra maneira de entender a comparação da carruagem é imaginá-la sendo desmontada. Em que ponto da desmontagem a carruagem deixa de ser uma carruagem?

Yuval Harari, em sua obra *Homo Deus*, levanta o seguinte questionamento: se os animais não têm alma e os humanos são originados dos macacos, será que houve um macaco com alma ou um ser humano desalmado? Ou será que a alma é simplesmente inexistente? A lógica difusa tenta solucionar esse paradoxo incluindo as transformações de um estado para outro. Quem veio primeiro: o ovo ou a galinha? Talvez tenham sido os répteis, que, através de inúmeras mutações, transformaram-se em pássaros.

Os extremos são resultados da mesma substância, em diferentes níveis de transformação, entende? Pela lógica tradicional determinística, uma pessoa pobre nunca poderá ser rica; mas sabemos que isso não é verdade. Como isso ocorre? Vamos inserir alguns números para ilustrar melhor o que quero dizer.

Imagine uma pessoa que tenha uma renda de R$ 60.000 (R$ 5.000 por mês) e que poupe 2% desse valor durante vinte anos. Se ela guardar esse valor debaixo do colchão, terá acumulado, no final do período, R$ 24.000. Agora, se ela for uma superinvestidora e conseguir, em média, 20% de rentabilidade ao ano, durante vinte anos (uma tarefa árdua, vale enfatizar), ela terá acumulado R$ 224.026. Quase dez vezes mais!

E isso nem é o mais incrível. Sabe quanto teria acumulado uma pessoa que guardou seu dinheiro no porquinho, com 0% de rentabilidade ao ano, mas conseguindo poupar 20% da sua renda? R$ 240.000! O que isso quer dizer? Controlar os gastos é ainda mais valioso do que saber investir. Essa notícia não poderia ser melhor, pois, embora não tenhamos controle sobre a rentabilidade exata da nossa carteira, o temos sobre o manejo de nossas despesas.

Repare na tabela a seguir. Ela representa diversos cenários para uma mesma pessoa, com uma renda estável. Dependendo das suas atitudes, depois de vinte anos, você pode ter R$ 0 ou R$ 2.240.256. Note que, quanto mais você poupa da sua renda, mantida a rentabilidade, obtém-se um crescimento linear. Já o aumento da rentabilidade cria um caráter exponencial. A ideia é criar uma sinergia entre as duas forças.

Cada grão de areia importa para o fluxo do seu enriquecimento, e este só virá em decorrência do conjunto de ações e escolhas que você faz no continuum da sua vida. O melhor de tudo isso é que não precisamos ser gênios do mercado financeiro. Precisamos apenas poupar e conhecer o que pudermos do mundo dos investimentos. Lembre-se sempre de que, caso você se prenda a um pensamento determinístico, nunca enriquecerá. Devemos acreditar em nossa transformação, em cada passo da jornada. Devemos tratar cada grão de areia como se fosse aquele que, finalmente, comporá o monte.

	\multicolumn{11}{c}{Poupança}
	0	0,02	0,04	0,06	0,08	0,1	0,12	0,14	0,16	0,18	0,2
0	$0	$24.000	$48.000	$72.000	$96.000	$120.000	$144.000	$168.000	$192.000	$216.000	$240.000
0,02	$0	$29.157	$58.314	$87.471	$116.627	$145.784	$174.941	$204.098	$233.255	$262.412	$291.568
0,04	$0	$35.734	$71.467	$107.201	$142.935	$178.668	$214.402	$250.136	$285.870	$321.603	$357.337
0,06	$0	$44.143	$88.285	$132.428	$176.571	$220.714	$264.856	$308.999	$353.142	$397.284	$441.427
0,08	$0	$54.914	$109.829	$164.743	$219.657	$274.572	$329.486	$384.401	$439.315	$494.229	$549.144
0,1	$0	$68.730	$137.460	$206.190	$274.920	$343.650	$412.380	$481.110	$549.840	$618.570	$687.300
0,12	$0	$86.463	$172.926	$259.389	$345.852	$432.315	$518.778	$605.241	$691.703	$778.166	$864.629
0,14	$0	$109.230	$218.460	$327.690	$436.920	$546.150	$655.379	$764.609	$873.839	$983.069	$1.092.299
0,16	$0	$138.456	$276.911	$415.367	$553.823	$692.278	$830.734	$969.190	$1.107.646	$1.246.101	$1.384.557
0,18	$0	$175.954	$351.907	$527.861	$703.814	$879.768	$1.055.721	$1.231.675	$1.407.629	$1.583.582	$1.759.536
0,2	$0	$224.026	$448.051	$672.077	$896.102	$1.120.128	$1.344.154	$1.568.179	$1.792.205	$2.016.230	$2.240.256
\multicolumn{6}{c}{Valor poupado anualmente}	\multicolumn{6}{c}{$60.000}

Tabela 1: Jornada do investidor.

Um esclarecimento importante para os matemáticos de plantão: tenho consciência de que apresentei a fórmula proposta, paradoxalmente, de forma determinística. Entretanto, falaremos mais à frente, em capítulos seguintes, do papel fundamental da aleatoriedade na jornada do investidor.

O que você precisa entender

Vou expor a chave do pensamento daqueles que são bem-sucedidos nas finanças. Eles estão sempre com sua mentalidade voltada para duas coisas, quando vão investir:

1. A aleatoriedade permeia tudo à nossa volta;
2. Nossas decisões sempre devem ponderar a possibilidade de estarmos errados.

Tudo aquilo que acreditamos ser o certo, pensamos ser verdade. Essa associação entre certo e verdadeiro é um padrão comportamental quase instintivo do ser humano. Todavia, todos nós (pelo menos, eu — e acredito que você também), em algum momento da vida, tivemos prova de estarmos errados. Que coisa, né? Em algum momento, todos nós já descobrimos que aquilo que pensávamos não era verdade.

Apresento a você uma ferramenta extremamente simples e poderosa: a matriz de decisão. Aconselho a utilizar o diagrama a seguir para acompanhar a qualidade de suas decisões de alocação. Se me permite, aconselho também a utilizá-la em outras esferas da sua vida. Afinal, investir é apenas uma, entre tantas. A matriz vai ajudá-lo a combater dois dos vieses psicológicos e comportamentais mais perigosos: o viés de resultado e o viés retrospectivo. É simples: não podemos qualificar a tomada de decisão pelo resultado ocorrido. Na vida real, você tem que tomar a decisão antes de desencadear o resultado, correto? Logo, você precisa de um modelo, um processo seguro para fazê-lo.

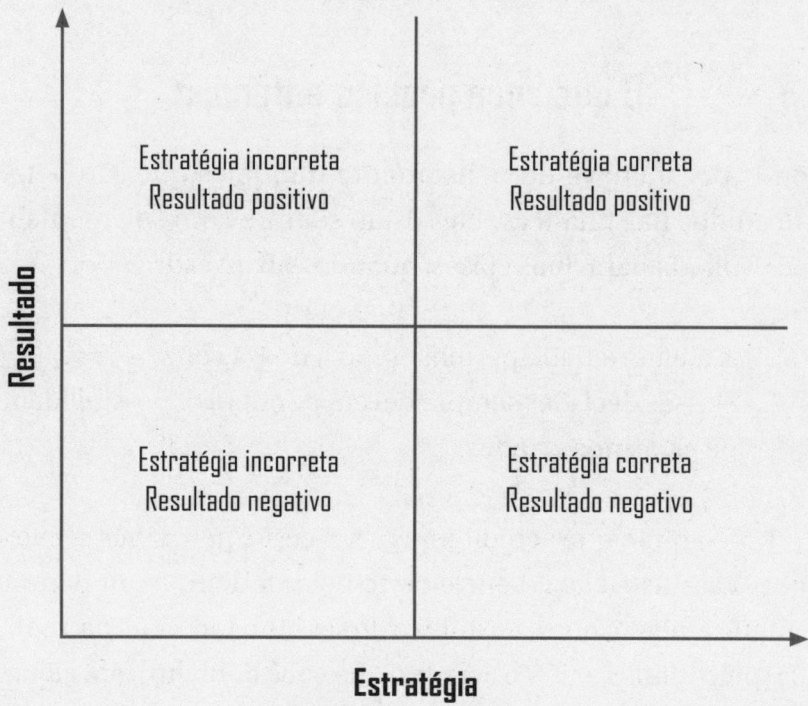

Figura 3: Matriz de Decisão.

Você deve manter-se ao lado direito da matriz, onde a arquitetura das escolhas é positiva, mas nem sempre garante o resultado esperado. O lado esquerdo lida com a sorte e a incompetência, coisas que devemos minimizar. É importante monitorar suas decisões para que se atribuam os desfechos à sua incompetência, boa sorte, má sorte ou planejamento.

Reflita comigo por alguns segundos: qual foi a melhor decisão que você já fez na vida? E a pior? Se você for como a maioria das pessoas, provavelmente escolheu uma decisão com um desfecho positivo para responder à primeira pergunta, e uma com desfecho negativo para responder à segunda.

"Comprei Bitcoin e, pouco tempo depois, subiu 300%! Uma excelente decisão! Inclusive, achei tão boa que aconselhei os meus amigos a fazerem o mesmo." Ou "troquei de emprego e o meu novo chefe é um tirano. Péssima decisão, sabia que não tinha como dar certo, desde o início".

Normalmente, associamos a qualidade da decisão com o seu desfecho. Esse fenômeno, incrivelmente comum ao cérebro humano, é conhecido como viés de resultado. O viés de resultado está intimamente relacionado ao viés retrospectivo, incorporando as informações que dispomos atualmente para avaliar uma decisão anterior.

O fato é que não podemos definir a qualidade de uma decisão somente pelo seu desfecho. Por construção, no momento da tomada de decisão, simplesmente não se tem todas as informações. Por isso, é crucial que você tenha um processo para tomada de decisão no qual você possa se apoiar. Um arcabouço de regras bem feitas carrega uma assimetria positiva e, se utilizado sempre, trará bons resultados.

Não acredita? Basta olhar para a Lei dos Grandes Números (falaremos sobre isso um pouco mais à frente). Suponhamos que você começou um novo negócio: estudou diligentemente o mercado e seus concorrentes e desenvolveu um plano de negócios sólido. A sua empresa começou a operar em fevereiro de 2020. Um mês depois, inicia-se o lockdown, em decorrência da pandemia de covid-19. Foi uma decisão ruim ter criado a sua empresa?

Outro caso, para exemplificar melhor: suponha que, em uma conversa com seu amigo, você receba uma dica de um fundo de investimentos muito bom. Você resolve investir nele. Trinta dias depois, o fundo sobe 20%. Foi uma boa decisão comprar esse fundo?

Para evitar a influência do viés de resultado, deve-se avaliar uma decisão sem considerar as informações coletadas após o fato. Foque em qual resposta era a mais correta no momento em que a decisão foi tomada. Lembre-se sempre das múltiplas espécies de decisões e dos desfechos que elas trazem:

1. Boas decisões com bons resultados;
2. Más decisões com bons resultados;
3. Boas decisões com resultados ruins;
4. Más decisões com resultados ruins.

Moral da história? Descarte os pares.

MINDSET

*A excelência de uma mentalidade é julgada
pela sua sabedoria*
Dao De Jing

*O homem é tão grande quanto a medida
de seu pensamento*
Napoleon Hill

*Você não pode resolver um problema com
a mesma mentalidade que o criou*
Albert Einstein

Muitos de vocês vão se surpreender ao ler que o elemento mais importante para tornar-se um investidor nada tem a ver com dinheiro. A chave-mestra encontrada, e cuidadosamente mantida, por todos os investidores de sucesso, é o mindset.

Vamos começar quebrando um dos paradigmas que mais amedrontam os investidores iniciantes: aquela velha falácia que afirma que investimento é coisa de rico. Se me obrigassem a resumir o livro em uma ideia central talvez fosse justamente esta: investir não é para os ricos, é para todos aqueles que estão dispostos a buscar conhecimento, praticar paciência e operar com uma mentalidade que lhes trará sucesso.

Vamos com calma. O que é mindset, mesmo? Nosso mindset corresponde à nossa mentalidade enquanto ser pensante, nosso conjunto próprio de ações, recordações, comportamentos e valores. É a configuração mental que utilizamos para solucionar problemas e tomar decisões no nosso cotidiano. O nosso mindset é criado a partir do nosso processo de percepção e cognição, e cada nova experiência que vivemos pode agregar novas ideias ou reformular as preexistentes. Um questionamento muito importante sobre nossa "automatização de mentalidades" aparece no livro *Mindset*, de Carol Dweck. Nele, a pesquisadora de Stanford explicita que o caminho para o desenvolvimento de um mindset de crescimento é, em vez de correr para pular cada vez mais degraus em direção ao seu objetivo, entender se você está subindo a escada certa.

A chave aqui é compreender que o mindset se divide em duas categorias: o fixo e o de crescimento. O mindset fixo é reforçado por crenças limitantes que levam à noção de que já nascemos com uma quantia limitada de potencial, inteligência, talentos etc. Consequentemente, pessoas detentoras dessa mentalidade não toleram erros, evitam desafios e se esquivam de novas experiências.

Alternativamente, temos o mindset de crescimento, caracterizado pela crença em uma capacidade de aprendizado essencialmente ilimitada, na habilidade humana de aprender com os erros e seguir novos caminhos que nos intrigam e desafiam. O mindset de crescimento está sempre presente no caso de uma criança que está conhecendo o mundo pela primeira vez, por exemplo. Ela observa, escuta, pratica e aprende com os próprios erros.

A criança aceita a sua posição de iniciante no jogo da vida e não sofre influência de suas preconcepções, ao adentrar uma nova experiência. É como Charlie Munger disse: "para o homem segurando o martelo, todos os problemas parecem uma cabeça de prego". Muitas vezes, temos que deixar o martelo de lado para ver que o problema nada tem a ver com a cabeça de prego com a qual nos deparamos anteriormente. Essa é mentalidade que devemos levar conosco para a vida adulta. Este conceito é amplamente fundamentado na filosofia do budismo zen, que discute o termo shoshin (mentalidade de iniciante).

A mentalidade de iniciante

Consoante Shunryu Suzuki, na cabeça do iniciante, existem muitas possibilidades; enquanto, na cabeça do expert, existem poucas. Isso ocorre porque o iniciante está disposto a aceitar e considerar todas as informações que lhe são expostas. Não existe o "eu já sei fazer isso". Dessa frase, emerge o perigo do especialista: ignorar as informações que estão em desacordo com aquilo que aprendeu anteriormente. O fato é que a maior parte das pessoas não quer novas informações e ativamente busca somente entrar em contato com aquelas que validem as suas preconcepções.

Como desenvolvemos a mentalidade de iniciante, então? É uma trilha difícil, mas passível de realização. Deve-se estar determinado a dar um passo de cada vez; disposto a cair sete vezes, para se levantar oito; e manter a mente aberta para novas sugestões e ideias que surjam de fontes inesperadas. Abrir mão do "deveria" em prol do "poderia", sem medo dos tombos que levamos ao nos aventurarmos por territórios desconhecidos.

Não tenha medo de falhar, e deixe de lado a vontade de ser um "expert". Afinal, o expert é aquele que está aprisionado dentro de sua bolha, indisposto a olhar a situação por novos ângulos desconhecidos por ele.

Foi com a mentalidade de principiante que eu comecei a minha carreira no mundo dos investimentos. Foi deixando de lado a preconcepção de que eu deveria ser um expert no assunto, antes de expressar minhas opiniões, que eu consegui me abrir às possibilidades dessa carreira. Acima de tudo, foi ouvindo o que os outros tinham para falar que eu adquiri boa parte do conhecimento que me é tão valioso hoje.

Afinal, você já sabe o que tem para falar; seus pensamentos, seus preconceitos e suas virtudes já lhe são familiares. O homem que não está disposto a ouvir, e insiste em continuar falando, está fadado a ficar cercado por pessoas que não têm nada a dizer. É nos abrindo para a visão de mundo dos outros que conseguimos expandir a nossa.

Saber qual é a sua mentalidade é o primeiro passo na longa jornada do autoconhecimento, e a disposição para mudá-la é o único instrumento de que você precisa para se sair bem-sucedido dessa missão. Existem incontáveis intelectuais que teorizam sobre a mudança de paradigmas, mindset e perspectivas. Alguns chegaram a conceber instrumentos para a avaliação dos padrões de pensamento existentes em determinados comportamentos humanos. Um desses é o Nine Dot Problem (problema dos nove pontos), discutido pelo psicólogo norte-americano Norman Maier, em 1930.

O problema é um exercício de pensamento lateralizado clássico, que atingiu o ápice de sua popularidade nos anos 1970-1980. Os participantes são apresentados a um conjunto de nove pontos, organizados em um esquema 3×3, e desafiados a conectar todos os pontos, sem levantar o lápis do papel, usando quatro linhas retas (ou menos). Quem ainda não tentou resolver esse quebra-cabeça está desafiado a pegar papel e caneta e a fazê-lo, antes de continuar a leitura. O esquema é assim:

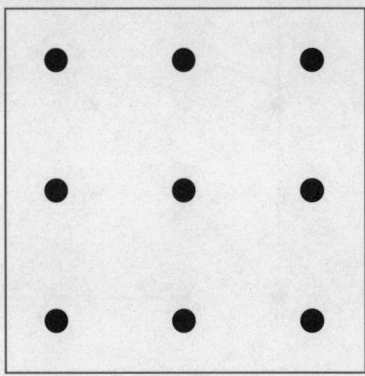

Figura 4: Problema dos Nove Pontos.

Para encontrar uma das soluções plausíveis, o problema exige que você pense fora da caixa. Literalmente. Com certeza essa é uma expressão de que você já ouviu falar, pois rapidamente se tornou um clichê mundialmente propagado.

O "pensar fora da caixa" é percebido como sinônimo de criatividade e engenhosidade. Marca presença naqueles que conseguem resolver problemas de maneiras autênticas, fora do padrão preestabelecido. A expressão foi criada justamente com esse quebra-cabeça, que mostra que impomos limites desnecessários a nós mesmos, quando nos deparamos com um novo problema. Nós traçamos uma caixa imaginária em volta dos nove pontos que nos são apresentados, de um modo que dificulta a resolução do problema.

Existem algumas maneiras de solucionar esse quebra-cabeça, mas todas envolvem sair das linhas para formar imagens mais ou menos assim:

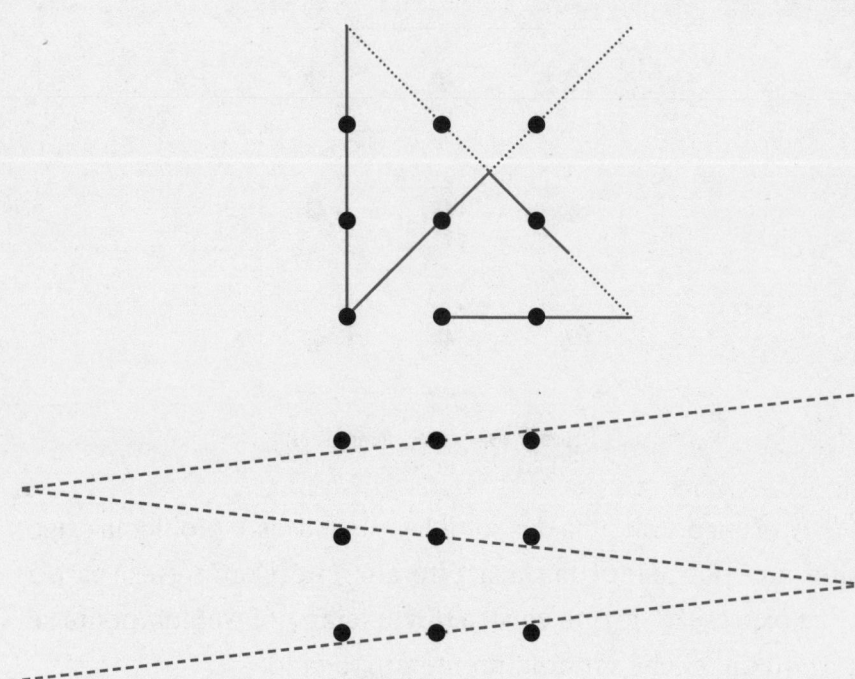

Figura 5: Fora da caixa.

A grande lição que Maier propagou é que nós nos colocamos dentro de "caixas" emparedadas por preconcepções, lotadas de "deverias" e mentalidades fixas. Quando eliminamos as barreiras mentais, conseguimos solucionar problemas de formas criativas, inovadoras, completamente diferentes das maneiras usuais às quais nos acostumamos ao longo da vida. Esse conceito também marca fortemente a teoria do físico Leonard Mlodinow, que discute a importância do pensamento elástico no seu livro *Elástico: como o pensamento flexível pode mudar as nossas vidas*.

O pensamento elástico de Mlodinow

Quanto menos rígidos formos com nossos pensamentos, mais criativos e inovadores nos tornamos. Mlodinow afirma que:

> ao longo de milhares de anos, o mundo mudou devagar e nós pudemos evoluir e nos adaptar a ele. Agora, o mundo ficou de cabeça para baixo rapidamente e ficamos confusos. A melhor ferramenta que temos para encarar esse desafio é o pensamento elástico. (Mlodinow, 2018)

O pensamento elástico é definido pelo autor como a capacidade de deixar as ideias confortáveis de lado e se acostumar com a ambiguidade e contradição. É a habilidade de superar o mindset convencional e enquadrar as questões de uma maneira diferente, de abandonar nossas preconcepções enrijecidas e nos abrirmos para novos paradigmas. É o poder de confiar tanto na imaginação quanto na lógica, para gerar uma seleção de ideias novas.

Vamos voltar ao início da formação teórica de Mlodinow: físico estadunidense, Leonard Mlodinow se apaixonou pela neurociência e pela psicologia, porque acreditava ser um assunto ainda mais complicado que o universo. A teoria do pensamento elástico pressupõe um espectro de pensamentos. Em um extremo, temos o pensamento lógico e analítico, composto por suposições, premissas e raciocínio. No outro extremo, temos o pensamento elástico, que não segue regras e cria novas ideias. O segredo é saber deslizar graciosamente sobre o espectro, utilizando combinações dessas formas de pensamento para solucionar problemas de maneiras inovadoras e inusitadas.

Temos que passar por um extenso processo de adaptação e aprendizagem para utilizar o pensamento elástico no nosso cotidiano, mesmo que já tenhamos as habilidades cognitivas necessárias para encarar novas situações e desafios. Precisamos aprender a colocar as ferramentas que já temos em prática.

Isso ocorre porque, quando crianças, dependemos fielmente do pensamento elástico para solucionar nossos problemas. Ainda não sabemos utilizar a lógica e o raciocínio, e nos baseamos fortemente em nossa imaginação. Entretanto, com o amadurecimento cognitivo e com a formalização educacional da criança, esse tipo de raciocínio é perdido. A escola, tradicionalmente, não nos ensina a aprender, a questionar, a descobrir. A escola nos dita regras e nos prepara para encaixar na máquina produtiva, colocando-nos no extremo do pensamento lógico.

A sociedade valoriza muito o pensamento inelástico. Percebe-se isso claramente ao observarmos as nossas tentativas de quantificação das habilidades humanas por meio de testes de QI e vestibulares. Utilizamos nossas capacidades analíticas para estudar e responder às questões mais diretas que impactam a vida humana. É uma forma de pensamento muito útil, mas não é o melhor jeito de solucionar problemas que requerem uma capacidade criativa.

Vejamos um exemplo: quando chegamos a um rio e precisamos atravessá-lo, o pensamento analítico é muito importante para estimarmos a profundidade do rio, analisarmos a probabilidade de sermos bem-sucedidos, listarmos os perigos envolvidos e qual material seria mais eficaz para construir uma passagem. O pensamento analítico nos leva a construir uma ponte com um tronco de árvore para passarmos pelo rio. Entretanto, é o pensamento elástico que transforma essa ponte de madeira em uma de aço. É o pensamento elástico que nos permite inovar e, constantemente, criar versões melhores, mais seguras e mais criativas de coisas que já existem.

    O pensamento puramente analítico não é mais suficiente para nós. A nossa sociedade está em um processo constante de mudança. A globalização, a internet e o surgimento das redes sociais trazem novos desafios, sem precedentes. O número de sites que existem na internet duplica em questão de meses. Aqueles que não conseguiram se adaptar à nova forma de pensar foram deixados para trás, como a Blockbuster, a Kodak e a Sears. O pensamento elástico é a forma mais eficaz de navegar pelas novas demandas que surgem, cotidianamente, na era digital.

Heróis não ganham guerras. Assimetrias, sim!

Imagine-se em um combate, nas profundezas de uma guerra que você tem que ganhar. Seu último recurso nesse momento são combates aéreos. Agora, resta-lhe uma dúvida: você não quer que seus aviões sejam abatidos por caças inimigos, então você os blinda. Mas a blindagem torna o avião mais pesado, e aviões mais pesados são menos manobráveis e usam mais combustível. Blindar demais os aviões é um problema; blindar os aviões muito pouco é um problema.

    Existe um ponto ótimo de blindagem que deve ser descoberto. E você tem uma equipe de matemáticos, confinados em algum apartamento na cidade de Nova York, para descobrir onde está o ponto ótimo. Excelente. Você foi para a guerra e os aviões voltaram com danos, distribuídos heterogeneamente pela aeronave. Havia mais buracos de bala na fuselagem e não tantos nos motores.

Foi exatamente essa a problemática enfrentada pelo matemático Abraham Wald, nascido em 1902, na cidade de Klausenburg — no então Império Austro-Húngaro. Quando Wald era adolescente, uma guerra mundial estava nos livros e sua cidade natal havia se tornado Cluj, na Romênia. Ele era neto de um rabino e filho de um padeiro kosher, mas o jovem Wald foi um matemático quase desde o início. Seu talento para o assunto foi rapidamente reconhecido e ele foi admitido para estudar matemática na Universidade de Viena, para onde foi atraído por assuntos abstratos e recônditos, até mesmo para os padrões da matemática pura: teoria dos conjuntos e espaços métricos.

Mas, quando os estudos de Wald foram concluídos, em meados da década de 1930, a Áustria estava em profunda crise econômica e não havia possibilidade de um estrangeiro ser contratado como professor, em Viena. Wald foi resgatado por uma oferta de trabalho de Oskar Morgenstern. Mais tarde, Morgenstern imigraria para os Estados Unidos e ajudaria a inventar a teoria dos jogos; mas, em 1933, ele era o diretor do Instituto Austríaco de Pesquisa Econômica e contratou Wald, por um pequeno salário, para fazer biscates matemáticos. Isso acabou sendo uma boa jogada para Wald: sua experiência em economia rendeu-lhe uma oferta de bolsa de estudos na Cowles Commission, um instituto econômico então localizado em Colorado Springs. Apesar da situação política cada vez pior, Wald relutava em dar um passo que o afastaria definitivamente da matemática pura. Mas então os nazistas conquistaram a Áustria, tornando a decisão de Wald substancialmente mais fácil. Depois de apenas alguns meses no Colorado, ele recebeu uma oferta para ser professor de estatística na Universidade de Columbia. Então, ele fez as malas mais uma vez e se mudou para Nova York.

E foi aí que ele lutou na guerra.

O Grupo de Pesquisa Estatística (SRG), no qual Wald passou grande parte da Segunda Guerra Mundial, era um programa classificado que unia o poder dos estatísticos americanos ao esforço de guerra — algo como o Projeto Manhattan, exceto que as armas em desenvolvimento eram equações e não explosivos. E o SRG na verdade ficava em Manhattan, na 401 West 118th Street, em Morningside Heights, a apenas um quarteirão da Universidade de Columbia. O prédio, agora, abriga apartamentos da faculdade de Columbia e alguns consultórios médicos; mas, em 1943, era o centro nervoso vibrante e estimulante da matemática do tempo de guerra. No Grupo de Matemática Aplicada – Columbia, dezenas de mulheres jovens, curvadas sobre as calculadoras de mesa Marchant, estavam calculando fórmulas para a curva ideal que um lutador deveria traçar no ar, a fim de manter um avião inimigo em sua mira. Em outro apartamento, uma equipe de pesquisadores de Princeton estava desenvolvendo protocolos para bombardeios estratégicos. E a ala do projeto da bomba atômica de Columbia ficava bem ao lado.

Mas o SRG era o mais poderoso e, em última análise, o mais influente de qualquer um desses grupos. A atmosfera combinou a abertura intelectual e intensidade de um departamento acadêmico com o senso comum de propósito, que vem apenas com apostas altas. "Quando fazíamos recomendações", escreveu W. Allen Wallis, o diretor, "frequentemente as coisas aconteciam".

Caças aéreos entraram em confronto, utilizando suas metralhadoras carregadas de acordo com as diretrizes de Jack Wolfowitz, o pai de Paul, que recomendou a mistura de cinco tipos de munição. Não se pode afirmar com certeza se os pilotos retornaram ou não. Da mesma forma, as aeronaves da Marinha lançaram foguetes cujos propelentes foram aprovados pelos protocolos de inspeção de amostragem de Abe Girshick. É possível que esses foguetes tenham explodido, resultando na destruição de nossas próprias aeronaves e pilotos, ou então atingiram com sucesso o alvo.

O talento matemático disponível era igual à gravidade da tarefa. Nas palavras de Wallis, o SRG foi "o grupo mais extraordinário de estatísticos já organizado, levando em consideração o número e a qualidade". Frederick Mosteller, que mais tarde fundaria o departamento de estatística de Harvard, estava lá. E também Leonard Jimmie Savage, o pioneiro da teoria da decisão e grande defensor do campo que veio a ser chamado de estatística bayesiana. Savage era quase totalmente cego, conseguia ver apenas com o canto do olho, e, a certa altura, passou seis meses vivendo apenas de *pemmican*, uma espécie de mistura de gordura e proteína, nutritiva, para provar algo sobre a exploração do Ártico. Achei que valia a pena mencionar. Norbert Wiener, o matemático do MIT e criador da cibernética, aparecia de vez em quando. Nesse grupo, Milton Friedman, o futuro Nobel de economia, costumava ser a quarta pessoa maisinteligente na sala.

O mais inteligente, geralmente, era Abraham Wald. Ele foi professor de Allen Wallis em Columbia e funcionou como uma espécie de eminência matemática para o grupo. Ainda um "estrangeiro inimigo", ele não tinha permissão técnica para ver os relatórios confidenciais que estava produzindo. A piada em torno do SRG era que as secretárias eram obrigadas a puxar cada folha de papel de suas mãos, assim que ele terminasse de escrever. Wald foi, de certa forma, um participante improvável. Sua inclinação, como sempre foi, era para a abstração, longe da aplicação direta.

Os militares procuraram o SRG com alguns dados que consideraram úteis. Quando os aviões americanos voltaram de combates na Europa, eles estavam cobertos de buracos de bala, mas o dano não foi distribuído uniformemente pela aeronave: havia mais buracos de bala na fuselagem do que nos motores.

O insight de Wald foi brilhante: "Não vá aonde estão os buracos de bala. Vá aonde os buracos de bala não estão: nos motores". Wald perguntou onde estavam os buracos que faltavam. Caso o dano fosse homogêneo, os buracos de bala que faltavam estariam nos aviões que faltavam. A razão pela qual os aviões estavam voltando com menos acertos no motor é que os aviões que foram atingidos no motor não estavam voltando.

Considerando que era grande o número de aviões retornando à base com uma fuselagem totalmente em estilo suíço, havia uma evidência bastante forte de que golpes na fuselagem podem (e, portanto, devem) ser tolerados. Se você for para a sala de recuperação do hospital, verá muito mais pessoas com buracos de bala nas pernas do que pessoas com buracos de bala no peito. Mas isso não é porque as pessoas não levam um tiro no peito; é porque as pessoas que levam um tiro no peito não se recuperam.

Pensamento elástico e o efeito *Einstellung*

Você já parou para resolver um problema, analisou profundamente e com todo cuidado e chegou à conclusão de que simplesmente não havia solução? Esse é o chamado efeito *Einstellung*, uma armadilha cognitiva que nos leva a acreditar na insolucionabilidade de problemas, por causa da inflexibilidade do nosso raciocínio. Quando somos incapazes de olhar o problema por uma nova perspectiva, assumimos que ele simplesmente não tem solução.

O efeito foi descoberto pelo psicólogo Abraham Luchins, durante seu experimento com uma jarra d'água, em 1942. Ao serem apresentados dez problemas divergentes, os participantes da pesquisa deveriam descobrir como conseguir a quantidade desejada de água, utilizando três jarras de tamanhos diferentes, como na tabela a seguir.

Problema	Capacidade da Jarra A	Capacidade da Jarra B	Capacidade da Jarra C	Quantidade desejada
1	21	127	3	100
2	14	163	25	99
3	18	43	10	5
4	9	42	6	21
5	20	59	4	31
6	23	49	3	20
7	15	39	3	18
8	28	76	3	25
9	18	48	4	22
10	14	36	8	6

Fonte: O efeito Einstellung. Disponível em: https://maisinteligente.com.br/o-efeito-einstellung/.

Tabela 2: Tabela das três jarras.

Nos primeiros seis problemas, quase todos os participantes usaram o mesmo método (B 2C A). Então, para o problema 1, começamos com 127 ml na jarra B, jogamos um pouco da água na jarra C duas vezes e depois preenchemos a jarra A, restando 100 ml na jarra B.

É a fórmula mais eficiente para solucionar as primeiras cinco questões, mas não para os demais problemas. Você até pode usar o mesmo método para as questões 6 e 7, mas não é o jeito mais fácil e eficiente de solucioná-las. A maioria dos participantes estava condicionado a usar a mesma fórmula; então, eles insistiram em continuar usando a fórmula para as demais questões. Quando chegaram na questão 8, a maioria desistiu, tomando o problema como "insolucionável".

O mais curioso é que os participantes que iniciaram a resolução de problemas pelas questões 6, 7, 8, 9 ou 10 não tiveram esse impedimento. Conseguiram usar diversas maneiras para solucionar as questões. Eles não tinham enrijecido o pensamento ainda, não haviam se apegado a um determinado padrão. O pensamento deles estava elástico.

O que acontece é que, quando dominamos uma abordagem, um assunto ou um esquema de conhecimento, nós o aceitamos como verdadeiro e supremo. Falhamos em considerar novas possibilidades e deixamos de questionar a validade das que já estão em nosso repertório.

O termo *Einstellung* vem do alemão e é a conjunção de dois termos: ajuste e atitude. É designado para determinar o velho hábito de nos ajustarmos às soluções mais conhecidas, impedindo o surgimento de outras alternativas. O nosso cérebro prefere o caminho conhecido e trabalha com base na ideia de: "já que isso sempre foi feito assim, esse é o melhor jeito". Assim, nos tornamos resistentes aos pensamentos que questionam, ao "vamos tentar e ver o que acontece".

O efeito *Einstellung* mostra que, quanto mais temos experiência em determinado assunto, menos nos questionamos sobre ele. Os melhores especialistas em uma área são, muitas vezes, os que menos utilizam o pensamento criativo e inovador.

O pensamento elástico combate o efeito *Einstellung*. Criar uma realidade mais inovadora, flexível e aberta dissolve as limitações que nos impomos e muda nossos padrões comportamentais. Com o pensamento elástico, a norma seria perguntar "já tentamos de outra maneira?", em vez de estabelecer que uma maneira é mais correta por ser utilizada mais frequentemente.

O pensamento flexível cultiva e expande o conhecimento, de modo a não nos tornarmos ultraespecializados em somente uma área. O aprofundamento em vários campos de conhecimento nos auxilia na hora de assumirmos um horizonte amplo de perspectivas, proporcionando-nos um extenso ferramental para mudar o enquadramento das questões, conforme elas apareçam.

Como aplicar o pensamento elástico?

Pense no seguinte: você está de cara com uma parede imensa e não consegue ver o fim dela. É alta demais para escalar, e não tem como passar debaixo dela. Você fica preso de frente para essa parede por anos, até finalmente resolver que vai desistir de tentar escalá-la. Você dá três passos para trás e percebe que a parede era, na realidade, uma pilastra. E tudo o que você precisava fazer era se afastar do problema para enxergar uma solução para ele. Esse afastamento é a mudança do pensamento fixo para o elástico.

Já falei que temos todas as habilidades cognitivas necessárias para aplicarmos o pensamento elástico na solução de problemas, só precisamos relembrar como fazê-lo. O nosso cérebro tem uma tendência de automatizar pensamentos e comportamentos. Isso é um processo valioso e muito importante para o nosso dia a dia, pois é por meio dos processos automáticos que nos vestimos, dirigimos até o trabalho, escovamos os dentes e realizamos atividades rotineiras (que não requerem reflexão ou introspecção). O nosso cérebro não quer se preocupar com essas questões todos os dias, então as coloca no modo automático, para que possamos pensar em outras coisas.

Até alguns aspectos do nosso processo de socialização são automáticos. Um estudo conduzido pela pesquisadora de Harvard Ellen Langer mostrou que as pessoas geralmente seguem um script social para interagir com outros seres humanos. O experimento, realizado em 1978, consistia em uma pessoa tentar furar a fila da copiadora no campus de Harvard. Analisaram três pedidos diferentes:

1. "Com licença, eu tenho cinco páginas. Posso utilizar a copiadora?"
2. "Com licença, eu tenho cinco páginas. Posso utilizar a copiadora, porque preciso fazer cópias?"
3. "Com licença, eu tenho cinco páginas. Posso utilizar a copiadora, porque estou com pressa?"

Os resultados obtidos foram impressionantes. A aceitação para o primeiro pedido foi de 60%, enquanto para o segundo foi de 93% e, para o terceiro, foi de 94%. Utilizar a palavra "porque", para fornecer uma justificativa para seu pedido, qualquer que seja essa justificativa, resulta em uma aceitação muito maior. Ao seguir um script social, o comportamento está automatizado para, quando ouvirmos uma explicação, aceitarmos mais facilmente o que nos está sendo dito.

Temos que achar um balanço entre o pensamento analítico e o pensamento elástico, para assim nos tornarmos inovadores e sermos capazes de nos adaptarmos ao mundo atual. A primeira maneira de resgatar o pensamento elástico é trabalhando o seu medo de falhar. Devemos ser abertos, conversar sobre ele, normalizar as falhas e os erros. Afinal de contas, cada erro significa um novo aprendizado.

Temos que normalizar o "cair e levantar-se", pois, toda vez que nos reerguemos, temos novos pensamentos e novas soluções. Para desenvolver nossas capacidades elásticas, devemos entrar em contato com pessoas que pensam de maneiras distintas da nossa. Fazemos isso por meio de livros, debates, fóruns online etc. Pense em expandir o seu círculo social para incluir pessoas com pensamentos diferentes e sempre respeite e ouça as opiniões que eles oferecerem.

Isso não quer dizer que temos que aceitar tudo. O debate é uma ferramenta crucial para o desenvolvimento do pensamento elástico. A diferença aqui é que você deve debater não com o intuito de ganhar a discussão, mas com o de aprender algo novo e talvez mudar o seu pensamento sobre determinado assunto.

É como a mentalidade de principiante que abordamos anteriormente: aceite todas as hipóteses como válidas e reflita sobre quais são mais benéficas para você. Escute o ponto de vista de outras pessoas, para enriquecer ainda mais o seu pensamento e aprendizado.

É desenvolvendo essa tolerância com os erros e nos abrindo para novos experimentos, pessoas e pontos de vista que resgatamos o pensamento elástico que possuíamos ainda na infância. Assim, vamos criando cada vez mais soluções inovadoras para as demandas novas que estamos enfrentando constantemente. Lembre-se de parar para refletir sobre os seus comportamentos automatizados e de se esforçar para quebrar os padrões que impeçam a aplicação do seu pensamento elástico.

A mão fria e inevitável de Bernoulli

Sempre me recordo da minha mãe na fila da lotérica. Lá estava ela, de pé, portando apenas sua esperança — renovada a cada semana que passava — e os mesmos números de sorte, em mãos. Anos jogando o clássico: a mesma combinação, formada por datas especiais que remetiam aos entes queridos. O maior medo era o de não jogar e, finalmente, ter chegado a hora daquela sequência mágica de números ser sorteada. A cada sorteio, parecia que a nossa hora estava cada vez mais perto. Pela nossa lógica, era óbvio: depois de tanto premiar outros números, a chance de chegar a nossa vez era sempre maior.

Infelizmente, não é assim que a natureza funciona. Se você joga uma moeda cinco vezes, e caem cinco caras, o que você pensa? Bom, como a chance de cair cara é a mesma de cair coroa (considerando que a moeda é justa) e como já tivemos cinco caras, a próxima jogada deve ser coroa, para que a média comece a se aproximar dos 50/50 de chance! Na realidade, não. Não existe uma força divina, uma mão invisível da natureza, nem uma força gravitacional que faça esse trabalho.

A justiça do universo não tem memória. Ou melhor, não existe justiça do universo. Isso não implica que o universo seja injusto, apenas a ausência desse conceito. Seja a sexta, sétima ou enésima jogada, não importa. Todas as partidas são independentes e sofrem de completa falta de conhecimento dos eventos anteriores. É aqui que você se pergunta: como a probabilidade converge para 50% de chance de cara e 50% de coroa?

A resposta se encontra em um conceito relativamente simples: diluição. Cada vez que jogamos mais moedas, menos relevantes se tornam os resultados passados.

Esse processo é conhecido como a Lei dos Grandes Números ou Teorema de Bernoulli, nome dado em homenagem a Jacob Bernoulli — que comprovou a teoria e a publicou. É um teorema fundamental da teoria de probabilidade, que descreve o resultado da realização da mesma experiência, repetidas vezes. De acordo com a LGN, a média aritmética dos resultados da realização da mesma experiência, repetidas vezes, tende a se aproximar do valor esperado à medida que mais tentativas se sucedem. Ou seja, quanto mais tentativas são realizadas, mais a probabilidade da média aritmética dos resultados observados vai se aproximar da probabilidade real.

No entanto, existem extensões ao teorema. Uma das mais interessantes nos informa que esse resultado é válido, sob certas condições, mesmo se os valores não forem tomados de forma independente. Isto é, mesmo que valores sucessivos tenham uma relação entre si.

Sim, estou inserindo uma certa contradição, e o faço para finalmente estabelecer um paralelo ao mercado financeiro e ao budismo. A chamada memória markoviana (em homenagem ao matemático Andrei Markov) constata que estados anteriores são irrelevantes para a predição dos estados seguintes, desde que o estado atual seja conhecido. Quando estudamos dinâmicas do mercado financeiro através da escola quantitativa, assumimos que o preço da ação depende apenas do seu preço atual.

E assim é você também: faça as pazes com o seu passado, pois sua vida depende apenas do você de agora.

Mudança de paradigmas

No mundo dos investimentos, as pessoas tendem a se preocupar somente com o quê e não param para pensar no porquê do que estão fazendo. Entram no automático, sempre buscando seguir as tendências e perdendo a consciência do motivo de estarem investindo. Ficam presos em suas preconcepções e pensamentos cristalizados e se impedem de seguir caminhos frutíferos, mas não convencionais.

É o clássico exemplo da pessoa que quer investir, mas pensa que isso é só para pessoas ricas. Investir não é para ricos, é para quem quer se tornar rico. Rico de bens materiais, claro, mas não só isso. Investir também proporciona ganhos imateriais, como tempo e segurança.

Inverta a ordem e verá a verdade: para começar a investir, você não tem que ser rico. Mas, se você quer acumular riqueza, deve começar a investir. Só que tem uma pegadinha: ser rico não é motivação suficiente para muitas pessoas que embarcam nessa jornada. O caminho é longo e requer mudança de hábitos e muita disciplina. É importante termos objetivos claros e bem delineados e sempre manter em vista o porquê de estarmos nessa jornada. Dinheiro não é um objetivo final, é um instrumento para alcançar os seus sonhos e objetivos.

Reflita sobre a razão de você investir seu patrimônio. Pode ser para proporcionar segurança para a sua família, para poder viajar o quanto quiser, para atingir liberdade financeira e não ter que trabalhar, entre muitos outros motivos. Conduza uma entrevista consigo mesmo, abordando tópicos importantes para a delimitação dos seus objetivos; como esta:

1. Onde eu me vejo daqui a cinco anos? E daqui a dez anos?
2. O que é mais importante para mim, agora?
3. Que sonho eu quero conquistar por meio dos investimentos?
4. O que eu preciso fazer para conquistar esse sonho?
5. Por que eu escolhi investir meu dinheiro?
6. Para quem eu estou investindo?

Essa entrevista, embora pareça simples, vai ajudá-lo a se manter disciplinado. Ao manter em vista o porquê de estar mudando seus hábitos, de estar abrindo mão de deleites momentâneos em prol do seu "eu futuro", fica muito mais descomplicado seguir a jornada, sem cair na tentação dos prazeres imediatos.

Melhor que talento: disciplina

Permitam-me começar com uma frase que escrevi quando adolescente: "Não é o tempo que transforma um menino em homem. É a disciplina".

Você não precisa de talento para ser um bom investidor. Você não precisa de talento para absolutamente nada, na verdade. Basta ter o comprometimento para começar e a disciplina para continuar. O que o salva naquelas horas em que você está com preguiça, frustrado e questionando se deve continuar no caminho que está seguindo não é o talento, é a força de vontade. A disciplina é construída, treinada e fortalecida ao longo do tempo. É um treino diário, e é impossível levar uma vida repleta de bons hábitos sem ela.

Vamos pensar da seguinte maneira: você tem um funcionário que é naturalmente talentoso com vendas. Mas ele está constantemente atrasado e é desleixado, pois acredita que pode compensar seus atrasos e descaso com seu talento. Seu outro funcionário não tem um talento natural para vendas, mas se aplica para aprender o máximo que consegue, é confiável e está sempre no horário certo, respeitando os valores da empresa. Qual funcionário possui um melhor desempenho no longo prazo? Só ter talento não é sustentável, quando você não tem a disciplina para colher os frutos dele, regularmente.

Já dizia Truman Capote que a disciplina é a parte mais importante do sucesso. Ela possibilita que tenhamos êxito em atividades para as quais não somos naturalmente dotados e refina o talento das pessoas que naturalmente o têm. Disciplina é, de fato, liberdade. A partir do momento em que você possui a disciplina necessária para viver longe de vícios, dos excessos, da preguiça e dos ciclos viciosos que nos consomem diariamente, você está livre para ser a melhor versão de si mesmo. Use a disciplina como uma ponte entre seus sonhos e suas realizações.

Preste atenção na mensagem que segue: devemos cultivar um mindset que nos favoreça. Se vivermos uma vida 100% regrada e disciplinada, não sobrará espaço para a espontaneidade e para o sonhar. Mas, se vivermos somente no mundo dos sonhos, nos tornaremos frustrados, pois nos faltará a disciplina para transformá-los em realidade.

H. Jackson Brown Jr. formulou uma metáfora interessante sobre a necessidade de exercermos disciplina, cotidianamente: imagine um polvo andando de patins. Tem muito movimento, mas você nunca sabe se ele irá para frente, para trás, para a esquerda ou para a direita.

Com a disciplina vem a estabilidade e a estrutura. Consequentemente, desenvolve-se responsabilidade e caráter. O principal empecilho em nossa busca pelo desenvolvimento da autodisciplina é a necessidade de gratificação instantânea. Ela é o desejo de experienciar uma sensação de prazer imediato. Basicamente, ter o que você quer na hora que você quer, sem sacrifícios ou delongas. Falando assim, parece ser algo fenomenal. Imagina ter tudo na ponta dos dedos, sempre ao seu alcance? Acontece que nós já sabemos que não é bem assim que funciona.

Na maioria dos modelos psicológicos conhecidos atualmente, os humanos tendem a seguir uma regra geral: agimos com base no princípio de prazer. Assim, o prazer torna-se uma força motriz que compele o ser humano a gratificar suas necessidades e seus desejos. Essas necessidades podem ser essenciais para a vida humana (como beber água, comer, dormir) ou podem ser desejos supérfluos (como comprar o novo produto tecnológico da marca de que você gosta). Quando não conseguimos satisfazer as nossas vontades, sentimos tensão e ansiedade. O processo é mais ou menos assim:

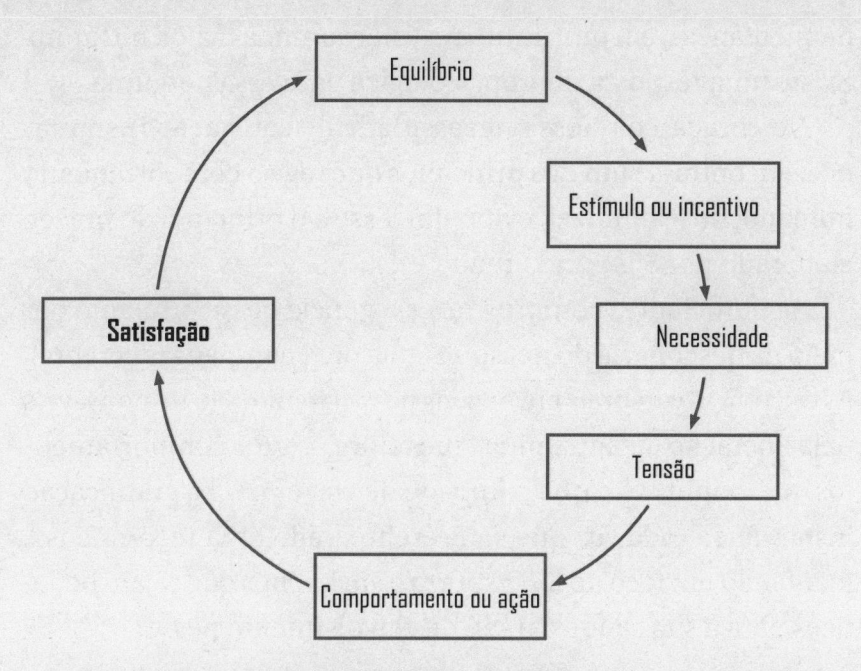

```
        Equilíbrio
       ↓
       Estímulo ou incentivo
       ↓
       Necessidade
       ↓
       Tensão
       ↓
Satisfação ← Comportamento ou ação
```

Figura 6: Prazer como força motriz.

Não é surpreendente que essa necessidade de satisfação instantânea esteja crescendo exponencialmente. Nós somos gratificados toda vez que pegamos o telefone e atualizamos o *feed* do Instagram, toda vez que recebemos uma curtida ou vemos um vídeo engraçado. Nossa paciência está cada vez mais escassa, e nossa autodisciplina se esvaece a cada nova geração que afunda cada vez mais na modernidade líquida.

Cada vez que sucumbimos à gratificação instantânea, estamos abrindo mão de um ganho futuro em troca de algo menos benéfico, que nos recompensa imediatamente. Quando você sente muita fome, é provável que pegue qualquer coisa que tiver na despensa para se saciar, em vez de esperar mais trinta minutos para conseguir preparar uma refeição saudável. Muitos se perguntam o porquê de ser tão difícil resistir às tentações momentâneas, em prol de uma satisfação ainda maior, no futuro. Existe uma resposta neuropsicológica para essa pergunta.

No coração da nossa necessidade de satisfação instantânea, encontra-se um dos princípios que rege o comportamento humano: buscar prazer, evitar dor. Esse é o princípio do prazer, elaborado por Sigmund Freud.

A neurociência comprovou a existência desse princípio por meio da descoberta do nosso sistema de recompensas cerebral. As estruturas cerebrais envolvidas nesse circuito são responsáveis pela liberação de dopamina, que reforça certos comportamentos. A disciplina é o que o impede de correr para a gratificação instantânea toda vez que seu cérebro pede uma recompensa, mantendo um foco no longo prazo e em hábitos que sejam benéficos para a sua saúde e o seu desenvolvimento pessoal.

Importância da mentalidade no budismo

Você conhece aquela figura do Buda gordinho, com as orelhas grandes e que está sempre sorrindo? Essa imagem é de Maitreya, que muitos acreditam ser o Buda do futuro. Por vezes, chamado de Buda Sorridente, o Maitreya representa tudo aquilo que não somos, mas que desejamos ser, futuramente: as orelhas longas representam tolerância; ele é gordo porque está satisfeito com a sua prosperidade; e é sorridente pois é genuinamente contente. Por outro lado, nós, os seres humanos, estamos sempre buscando mais, nunca estamos contentes com o que temos e nos tornamos cada vez mais intolerantes, uns com os outros.

A intolerância é um grande impedimento para o nosso desenvolvimento pessoal. Quando cultivamos o hábito da intolerância, nos tornamos resistentes a novas informações, nos recusamos a sermos expostos a pontos de vista diferentes e não conseguimos desenvolver um mindset de crescimento. Ficamos parados, estáticos, sempre no mesmo lugar; nos cegamos para as oportunidades e possibilidades que se apresentam, e acabamos nos tornando intolerantes até com nós mesmos. Não percebemos, mas a intolerância que projetamos é, ao mesmo tempo, introjetada para nossa consciência.

É aquele clássico mito do leito de Procusto. Parte da história de Teseu, o conto de Procusto relata a história do personagem que dá nome ao título e que vivia na serra de Elêusis. Ele tinha, em sua casa, uma cama de ferro exatamente do seu tamanho e convidava todos os viajantes a se deitarem nela. Se os seus hóspedes fossem altos demais para o leito, ele lhes amputava as pernas para ajustá-los à cama. Os que eram pequenos demais eram esticados, até atingirem o tamanho ideal. Por fim, Teseu, o herói ateniense, capturou Procusto e o prendeu em sua própria cama, cortando-lhe os pés e a cabeça.

Cidades da Grécia Antiga foram palco para inúmeras metáforas sobre a vida cotidiana, e a mitologia grega traz — até hoje — importantes ensinamentos de uma beleza ímpar. Procusto representa a intolerância do ser humano em relação ao outro e quão prejudicial ela pode ser para o próprio intolerante.

A intolerância é, normalmente, produto da ignorância, da falta de lastro conceitual. Ela é resultado de pensamentos bivalentes, onde apenas o sim e o não coexistem, tergiversando para os infinitos graus difusos entre os dois extremos. O conto é uma crítica à estipulação de padrões irrealistas que impomos aos nossos semelhantes e a nós mesmos.

Devemos ter um pensamento flexível, extrapolando padrões e convenções, lutando contra o perfeccionismo que nos impede de começar. É necessário zelar por uma mentalidade que seja benéfica para o nosso autoconhecimento e para o desenvolvimento de uma disciplina e que nos impulsione a conquistar nossos sonhos e realizar os objetivos que delineamos para as nossas vidas.

Karl Popper discute um aspecto muito importante relacionado ao mito de Procusto: o paradoxo da tolerância. O autor é notório pela elaboração do conceito em sua obra *A sociedade aberta e os seus inimigos*, na qual critica as teorias filosóficas responsáveis pelo surgimento de regimes totalitários no século XX.

Consoante o pensador, a tolerância ilimitada leva ao desaparecimento da tolerância. Popper, que foi erroneamente interpretado, por diversas vezes, simplesmente dita que o tolerante não deve sempre tolerar o intolerante. Ou seja, deve-se tolerar aqueles que estão dispostos a responder também com tolerância. Mas, se na busca da tolerância nos tornamos intolerantes, pela lógica socrática, somos também ignorantes, certo? Exatamente. Sempre nos faltará algum substrato intelectual. Por isso, Procusto a tudo permeia, e a nossa única arma contra ele é o conhecimento.

Quando montamos uma carteira de investimentos, não existe uma cama como a do nosso malfeitor grego. Não existe um ativo certo ou errado. Existem maneiras equivocadas de utilizá-lo, dada sua peculiaridade. Vender opções de compra sem o ativo adjacente é uma prática potencialmente destrutiva, mas isso não torna o derivativo um vilão definitivo. Títulos de renda fixa pós-fixados, indexados e pré-fixados também possuem sua função e imprimem suas características à carteira, ponderados pela sua respectiva alocação. As ações idem. Moedas e metais trazem características igualmente importantes ao seu portfólio.

Tudo se mistura em um único ativo sintético que capta as qualidades e imperfeições de cada decisão. Alguns podem dizer que o ouro é um péssimo investimento, mas ele não deixa de ser uma excelente proteção em momentos de crise.

A pergunta é: quão tolerante você é? Em uma carteira de investimentos, não devem constar apenas nossas convicções. Caso você tenha se esquecido, ressalto que erramos. Sempre. Dessa forma, diversas possibilidades devem ser calculadas em um racional de investimento. Achar que o dólar não poderá chegar a R$ 8 não quer dizer que isso não acontecerá.

O futuro é incerto e apenas ele importa para os seus investimentos. Seja tolerante e incorpore teses e antíteses à sua carteira. Lembro, aqui, as sábias palavras de Bento de Espinoza (1992, s.p.): "Cada coisa, à medida que existe em si, esforça-se para perseverar em seu ser". Tudo se resume ao equilíbrio, não só dos ativos que você possui em carteira, mas da sua mentalidade e do modo que você reage aos eventos externos a si.

Vejam só, até a tolerância é uma questão de equilíbrio. Busquemos então estabelecer uma mentalidade que consiga transitar, sempre, em busca do ponto de equilíbrio entre a rigidez e a flexibilidade, entre a racionalidade e a criatividade, entre a tolerância e a intolerância.

Busquemos sempre uma mentalidade de crescimento que seja benéfica tanto para nós quanto para aqueles com quem convivemos e que nos possibilite adquirir aprendizados e informações novas sempre que interagirmos com o mundo à nossa volta.

Cultivar um mindset que nos favoreça é o primeiro passo para nos aproximarmos, cada vez mais, da felicidade, da prosperidade e da satisfação. Com isso, nos afastamos das nossas crenças limitantes, podendo crescer e desenvolver hábitos saudáveis, que nos auxiliam a atingir nossos objetivos.

Tem uma história clássica do budismo que exemplifica essa quebra de paradigmas: certa vez, um mestre e seus discípulos estavam passando frio no mosteiro, e não havia madeira para acender uma fogueira. Havia somente uma estátua do Buda, feita de madeira, que pudesse aquecê-los. O mestre decidiu quebrar a estátua para fazer uma fogueira, evitando a sua morte e a de seus discípulos. Incrédulos, os discípulos perguntaram ao mestre como ele poderia ter feito aquilo, ao passo que este respondeu que aquela estátua não era realmente o Buda.

Essa é a libertação das crenças limitantes, visando a um bem maior, tanto para você como àqueles que o cercam. Vejam bem, não é sobre seguir regras cegamente e ter uma disciplina inigualável. O segredo é criar uma mentalidade que o ajude a resolver problemas de maneiras criativas e que o aproxime da realização dos seus sonhos e objetivos.

Figura 7: Buda Sorridente.

Buda não é uma entidade religiosa, e sim um estado de espírito. Quando alguém desperta, sai de um estado de consciência e adentra outro. Fazemos isso todas as manhãs, quando nossas ondas cerebrais se alteram, modificando nosso estado de consciência ao acordarmos. Abrimos os olhos e faz-se a luz. Quando solucionamos um problema, tudo fica claro, o caminho se ilumina, e a escuridão da incerteza se dissipa. Daí o conceito de iluminação do budismo. Quem atinge tal estado vive em um eterno insight.

Voltando ao nosso simpático Buda do futuro, também conhecido como Mile Fo, enfatizo a mensagem implícita que ele carrega, em sua imagem: se ele é o Buda, totalmente desperto e iluminado, sorrindo, próspero, com uma barriga protuberante e grandes orelhas prontas para ouvir com atenção, isso nos indica que somos exatamente o contrário. Se o ser que representa a iluminação dos tempos modernos é próspero, tolerante e satisfeito, isso nos indica exatamente o que falta a nós, seres não iluminados. É uma mensagem para ficarmos atentos às nossas atitudes, pois nos tornamos cada vez mais mesquinhos, infelizes e intolerantes. Portanto, a mensagem de Mile Fo não realça a mesquinhez, mas enaltece a qualidade de nos tornarmos prósperos.

O instrumento escolhido por Mile Fo para passar sua mensagem foi a via negativa. Essa via, também conhecida como apofática, atribui todo o esforço da racionalidade em definir algo e seus atributos à limitação do próprio conceito, pois este naturalmente ultrapassa todo e qualquer esforço racional.

Vamos olhar pelo lado negativo?

O grande poeta americano John Keats, apesar de ter falecido aos 25 anos, deixou um imenso legado para a literatura. Uma parte desse legado é o termo "capacidade negativa" (*negative capability*): a ideia de que se deve suspender julgamentos sobre a coisa analisada, para conseguirmos aprender mais sobre ela.

É um conceito vital para o desenvolvimento de uma mentalidade de crescimento. Ao suspendermos nossos julgamentos, estamos ativamente adotando o mindset de principiante e mantendo um pensamento elástico, aberto a todas as possibilidades. Assim, podemos encontrar soluções criativas para problemas mundanos e adquirir novas maneiras de se pensar uma mesma situação.

O termo foi cunhado por Keats em uma carta escrita aos seus irmãos George e Tom, em 1817. Ele descreve a capacidade negativa como a habilidade de conviver com as incertezas, os mistérios e as dúvidas, sem obsessivamente tentar alcançar os fatos e a racionalização destes.

É a capacidade de resistir à tentação de achar explicações para tudo o que não entendemos. Antes de usarmos nossos julgamentos e tentarmos definir tudo que nos cerca, devemos nos acomodar com a incerteza, com o não saber. Esse processo aprimora a nossa segurança em nós mesmos, bem como o nosso pensamento crítico.

Quando se precisa de uma explicação para tudo, o indivíduo acaba se agarrando a qualquer explicação que lhe é dada, sem se preocupar com sua veracidade. Assim, especulam-se, teorizam-se e inventam-se milhões de explicações falsas para a mesma questão. Aquele que senta com sua própria incerteza, e sente-se confortável com ela, espera a explicação correta ser descoberta e aceita a possibilidade de isso jamais acontecer. Nós aprenderemos muito mais sobre o mundo ao nosso redor e sobre as pessoas que nele habitam quando pararmos de assumir que sabemos de tudo e quando pararmos de categorizar os conteúdos da nossa vida em caixinhas preconceituosas.

No budismo, há o conceito de via negativa, também utilizado pela teologia cristã, que propõe explicar os processos de construção da subjetividade e da individualidade. Na teologia cristã, a via negativa busca explicar a essência de Deus, ao focar em tudo o que Ele não é. Isso porque entender a essência e as qualidades de um ente divino, uno e todo-poderoso está muito além da nossa capacidade cognitiva; então, buscamos entender a negação dessas qualidades.

No budismo, utiliza-se a via negativa para explicar as mais diversas coisas. Nós nos definimos como indivíduos ao entendermos tudo aquilo que não somos. Nessa linha de pensamento, você não é você, mas um negativo do mundo. Ou seja, você é tudo o que o mundo não é.

Fica um pouco complicado de entender a via negativa, pois estamos habituados a utilizar o conceito positivo ("Eu sou isso e aquilo") e não paramos para buscar o que não somos. Vejamos um exemplo: alguns pintores utilizam a via negativa em seus quadros. Ao compor sua pintura, um artista pinta tudo ao redor de uma flor. Ele nunca chega a pintar a flor em si, mas ela é retratada, ao pintar tudo aquilo que ela não é.

A grande questão, aqui, é aplicar esse pensamento no plano real, fora do metafísico e do conceitual. Pode-se começar determinando que você não acrescentará novos hábitos à sua rotina, mas se livrará dos hábitos que lhe fazem mal. Tomando a via negativa, no processo de eliminar hábitos nocivos, você está automaticamente substituindo-os com hábitos positivos. Percebe? Em vez de focar naquilo que você tem que fazer, foque no que você tem que deixar de fazer para prosperar.

Vamos supor que você queira entrar em forma e perder 10 kg. Você faz uma lista de coisas que precisa começar a fazer para que isso aconteça: malhar todo dia, adotar uma dieta, sair para correr aos domingos. Entretanto, você não consegue materializar os itens da lista. Você tenta, mas os hábitos nocivos o impedem e você acaba a semana sem pisar na academia, comendo todo tipo de besteira e, no domingo, você passou o dia sentado no sofá. Talvez seja a hora de adotar a via negativa. Pense consigo mesmo: "o que devo deixar de fazer, para que me torne mais saudável?". Talvez diminuir a cerveja, não comer açúcar durante a semana, não passar o dia inteiro sentado no sofá.

Após ter eliminado os hábitos que lhe fazem mal, fica mais fácil substituí-los pelos itens que estavam na sua lista anterior. Você não terá mais a rede de segurança dos maus hábitos para pegá-lo quando der um escorregão; então, você se dedicará mais ao sucesso dos seus novos hábitos.

Olhos de libélula

No ano de 1997, o economista comportamental Richard Thaler conduziu um jogo de adivinhação no *Financial Times*. As regras eram claras: todos deveriam escolher um número entre 0 e 100. O vencedor seria aquele que escolhesse o número mais próximo de ⅔ da média de todos os números inseridos. O prêmio? Uma passagem de ida e volta de Londres para Nova York, com direito a um acompanhante.

Imaginei-me lendo o jornal, em 1997. Eu gostaria de ganhar essa viagem grátis (afinal, quem não?). O que eu faria nessa situação? Parece razoável pensar que as pessoas escolheriam números aleatórios igualmente distribuídos entre 0 e 100. Logo, a média seria algo muito próximo de 50. Assim, o número vencedor seria 33 (equivalente a ⅔ de 50). Eureka! Já posso arrumar minhas malas!

Entretanto, antes de submeter a resposta, deve-se pensar um pouco mais. Será que só eu cheguei a essa conclusão? Provavelmente, inúmeras pessoas seguiram a mesma linha de raciocínio, também chegando ao número 33. Se isso for verdade, a média não é mais 50. Facilmente, a média seria 33 — o que mudaria a resposta para 22 (⅔ de 33). É isso! Hora de dar a notícia para minha esposa de que vamos para NYC!

Mas espere um pouco. E se mais pessoas chegaram à mesma conclusão? A média seria 22 e ⅔ de 22 é 15. Você já percebeu para onde esse raciocínio leva, não é? A resposta é 0. Graças ao meu conhecimento sobre Teoria dos Jogos e a Teoria da Mente, não restam dúvidas: o prêmio é meu! Infelizmente, na prática, a teoria é outra: se você tivesse escolhido 0, teria perdido! A média foi 19, e ⅔ disso é 13. Treze foi a resposta ganhadora da passagem para Nova York.

Qual é o problema aqui? A resposta 0, por mais que seja perfeitamente lógica, mostra somente a perspectiva racional. Essa perspectiva não dá a devida atenção a um questionamento essencial: será que todos terão a mesma linha de raciocínio, estressando a pergunta até chegar ao zero? Quantos vão parar no 33 ou no 22? O ponto, aqui, é ponderar a lógica com a psicologia. Os seres humanos não são máquinas e estão longe de serem perfeitamente racionais.

A música e a engenharia, a poesia e a matemática. Sejamos multiformes, adotando uma característica "libeluliana". Sabia que a libélula possui uma visão fantástica? É verdade. Dois olhos grandes, repletos de lentes que capturam um mesmo objeto por inúmeros ângulos. Chegam a ter até trinta mil dessas lentes, capturando pontos de vista. No cérebro, formam a imagem que contempla todas as formas de ver.

Tudo isso para dizer: perceba que a visão que vem de cima do seu nariz não é a única que você tem à sua disposição. Utilize os olhos dos outros para formar uma visão de mundo mais completa, principalmente na hora de tomar decisões. Assim como Newton sentou nos ombros de Galileu, ao formular o Princípio da Inércia, e Antonie van Leeuwenhoek apresentou ao mundo o universo microscópico, dentro de uma gota d'água, a partir de *Micrographia*, de Robert Hooke; carregue em sua tese a sua antítese. Tenha o soro da sua própria mordida. Olhos de libélula!

Construção de novos hábitos

A construção de novos hábitos é parte fundamental da mudança de mentalidade. É uma relação dialética; um conceito está intrinsecamente ligado ao outro, sem possibilidade de separação. Veja bem: a partir do momento em que você muda sua mentalidade, também mudará seus hábitos, certo? Mas, para podermos alterar a nossa mentalidade, precisamos que haja uma alteração nos nossos hábitos, que nos possibilite fazê-la. É um ciclo virtuoso de crescimento, no qual nossos hábitos evoluem em conjunto com o nosso mindset.

A primeira coisa que devemos fazer para dar início aos processos desse ciclo virtuoso é identificar os hábitos que nos são úteis e os que não o são. Ter consciência daqueles elementos na nossa rotina que são nocivos é fundamental, e é por meio dessa *mindfulness* (atenção plena) que conseguimos estabelecer novas conexões sinápticas e, consequentemente, novos hábitos.

Em seu livro *O poder do hábito*, Charles Duhigg nos conduz em uma jornada pela mente humana, para desvendar as motivações por trás dos hábitos de indivíduos, organizações e da sociedade como um todo. Entender os mecanismos por trás da formação de hábitos é de suma importância para conseguirmos manipulá-los a nosso favor. Podemos alterar nossos hábitos de modo a aplicar melhores estratégias para solucionar problemas, lidar com conflitos e alcançar nossos objetivos.

Os hábitos surgem da repetição de respostas a estímulos rotineiros. Quanto mais reforçamos uma resposta, mais enraizada ela se torna, passando para o modo "automático" depois de um certo período de tempo. É importante entender que, para a formação de um novo hábito, existem três elementos-chave:

1. **Gatilho** → estímulo que elicia um comportamento;
2. **Resposta** → comportamento que responde ao gatilho (o hábito propriamente dito);
3. **Recompensa** → resultado da execução da resposta que a reforça.

Esse ciclo se repete várias vezes, até cimentar o hábito no seu cérebro, consequentemente automatizando a resposta. Suponhamos que, certo dia, você tenha se sentido muito nervoso e comeu uma barra de chocolate. Seu cérebro recompensa esse comportamento, liberando um neurotransmissor chamado dopamina, que faz você se sentir feliz e mais relaxado. Você repete esse comportamento tantas vezes que, agora, toda vez que se sente nervoso, automaticamente pensa na barra de chocolate e corre atrás dessa recompensa. Esse hábito é danoso para a sua saúde e pode resultar em diversas complicações, como o desenvolvimento de diabetes. Você sabe de tudo isso, mas por que não consegue parar?

O gatilho e a recompensa se fundiram de tal maneira que, toda vez que você se depara com aquele gatilho, há um senso de antecipação e desejo pela recompensa. Esse desejo é muito difícil de combater e não tem como fazer isso somente pela racionalização. Então, pensar que não me faz bem comer um chocolate toda vez que eu estiver nervoso é só o primeiro passo para a mudança desse hábito, visto que o pensamento sozinho não vai levá-lo a lugar algum.

O que devemos fazer para substituir hábitos danosos por hábitos virtuosos é tirar proveito do loop do hábito e dos mecanismos que o ativam. Temos que substituir a resposta maléfica que emitimos ao estímulo por uma resposta que seja benéfica, mantendo o ganho de uma recompensa. No caso do chocolate, uma pessoa pode substituir a barra por momentos de respiração profunda (que também libera dopamina no cérebro) ou por uma fruta que tenha uma quantidade de açúcar natural que proporcione um nível de satisfação parecido (como as uvas).

O papel da memória

Desde a Antiguidade, a memória sempre foi considerada uma das habilidades mais importantes que o ser humano poderia cultivar. Antes da linguagem escrita, as histórias e vivências eram passadas de geração em geração por meio de cantigas e da língua falada. Portanto, a memorização era fundamental para a transmissão da cultura.

No mundo tecnológico, onde toda e qualquer informação está a um clique de distância, a memória tem sido cada vez mais desvalorizada. Pergunte para quase qualquer jovem da geração Z se eles sabem o número do telefone dos pais ou os dígitos do próprio CPF. A resposta provavelmente será "não", pois eles têm acesso a tudo isso pelos telefones que carregam para todo lugar. Tudo aquilo que não lembramos podemos simplesmente pesquisar.

A memória é uma das faculdades mentais mais importantes para o ser humano. Ela rege o nosso comportamento e possibilita o aprendizado — e ainda sabemos muito pouco sobre ela. Definida como o processo cognitivo que determina a dimensão temporal da nossa organização mental, a memória é nossa capacidade de codificar, armazenar, reter e acessar informações advindas de experiências passadas.

A memória exerce um papel fundamental na vida de todo ser humano, facilitando a criação de um repertório comportamental, além de um processo de reflexão sobre nossas experiências, ao longo da vida.

Sem a memória, não haveria a formação de hábitos, não haveria criação de mentalidades e não haveria aprendizado. É importante notar que ela não equivale ao aprendizado, mas é parte vital dele. É a base para a formação de novas conexões sinápticas por associação. Portanto, você cria memórias que servem como modelos para comportamentos futuros. Elas possibilitam a criação de um padrão de comportamentos ou respostas — que é conhecido como aprendizagem.

O SER E A BUSCA PELA FELICIDADE

A lei da mente é implacável. O que você pensa, você cria; o que você sente, você atrai; o que você acredita torna-se realidade
Buda

O caminho da felicidade de Buda

Buda, palavra pertencente ao sânscrito, quer dizer "iluminado". Designa aquele que está acordado e consegue enxergar a verdadeira natureza da realidade, e foi o título atribuído a Sidarta Gautama pela sua sabedoria e bondade.

Nascido em meados do ano de 563 a.C., em Kapilavastu (que hoje faz parte do território do Nepal), Sidarta foi educado para ser um líder político e sucessor de seu pai, Suddhodana. Quando tinha 29 anos, ao caminhar pela cidade em que morava, Sidarta se deparou com pobreza, fome, morte e doença, problemas com os quais não havia tido contato anteriormente.

Ao reparar no contraste entre a vida miserável que as pessoas da cidade levavam e a sua vida confortável e abastada, Sidarta começou a alterar sua mentalidade. Quando chegou à casa, percebeu que o seu privilégio e seu status não o livrariam da doença, da velhice, ou da morte.

Raspou o cabelo em sinal de humildade, trocou suas vestimentas caras por trajes simplórios dos monges e afastou-se do palácio onde morava. Abandonou seus bens, sua família e seu histórico, e partiu em busca de explicações para os mistérios da vida e da fé.

Conforme dita a tradição, Gautama sentava-se à sombra de uma grande figueira, para meditar. Em suas meditações, ele teve várias visões de Mara, o demônio da paixão, que ora lhe atacava com raios, ora lhe oferecia subornos para desviá-lo de seus propósitos.

Após 49 dias de perseguição, Mara desistiu e deixou Sidarta em paz. Assim, ele conseguiu atingir a iluminação e despertar espiritualmente. Rumou em direção à cidade de Benares, às margens do rio Ganges, para transmitir seu conhecimento e relatar suas experiências.

Pouco a pouco, construiu um grupo fiel de seguidores, que passou a chamá-lo de Buda. Ao perceber que a iluminação era algo que não poderia ser inteiramente explicado, Buda decidiu ensinar as pessoas a atingir o estado de iluminação — e não, simplesmente, relatar como é a experiência de iluminar-se.

O budismo nos ensina que vivemos em uma confusão de ilusões, criadas por percepções errôneas e impurezas, como o ódio, a ganância, a inveja e a ignorância. O Buda é aquele que está livre dessa confusão.

O caminho para a paz espiritual, como Buda nos ensina, é a disciplina. Em seu período de meditação debaixo da árvore Bodhi, Buda exerceu tremenda autodisciplina, ao sentar-se imóvel por 49 dias, mesmo diante das tentações de Mara.

Os fundamentos do budismo

O budismo se baseia em quatro verdades essenciais para a vida humana e para a iluminação. Primeiramente, a vida é *dukkha* (sofrimento, incapacidade de se satisfazer). Segundamente, *dukkha* tem um motivo, uma razão de ser. A causa imediata do nosso *dukkha* é o desejo, que vem do não entendimento da realidade e do não conhecimento acerca de nós mesmos. Porque não nos entendemos e não conseguimos nos conectar com nosso interior, vivemos com ansiedade e frustração.

A terceira verdade nos diz que podemos conhecer a causa de *dukkha* e sermos libertados do desejo que nos causa tanto mal. Para isso, temos que ter um insight para a fonte do *dukkha*. Deve-se refletir acerca do que lhe traz sofrimento para que possa cessá-lo. Por fim, a quarta verdade dita que o insight vem da prática da meditação, *mindfulness*, e de uma vida ética que beneficia o outro.

O que é a iluminação, então?

Sabe aquele momento, nos desenhos animados, em que o personagem diz "eureka!" e uma lâmpada acende em cima da cabeça dele? Agora imagine esse momento de eureca, perpetuado por toda a eternidade, e a lâmpada acesa para sempre. Pois é, iluminação é mais ou menos isso. Tem até um trocadilho engraçado, pois a lâmpada acendendo é a iluminação física e representa a iluminação espiritual. Ela nada mais é do que um insight perpétuo, constante. A capacidade de sempre ver a realidade, a verdade intrínseca das coisas.

Eu gosto de pensar na iluminação também por um ponto de vista neurológico, mais científico. Toda vez que conectamos um conteúdo novo a uma experiência passada, nossos neurônios estabelecem novas conexões e comunicações, denominadas de sinapse.

Essa sinapse é composta por impulsos elétricos (como a luz). A iluminação vem desses estabelecimentos de aprendizagem e conexões sinápticas. É justamente esse impulso elétrico no seu cérebro, formando novos caminhos, novos conhecimentos. Quando você medita, está fortalecendo essas conexões sinápticas e se colocando no caminho da iluminação.

Eudaimonia — a busca dos antigos pela felicidade

Eudaimonia é uma transliteração da palavra grega que significa prosperidade, boa fortuna ou felicidade. Não se refere a um estado emotivo e é, muitas vezes, percebida como uma graça a ser alcançada. Embora seja o bem principal para os seres humanos, existem muitas diferenças na discussão acerca do que realmente se consistiria a eudaimonia. Aristóteles, por exemplo, considerava a virtude uma condição necessária para a eudaimonia. Mas isso não seria o suficiente: eudaimonia se aplicaria a uma vida inteira que tenha sido bem vivida.

A busca pela felicidade atormenta as mentes mais brilhantes desde a Antiguidade. Aristóteles dedicou duas de suas obras (*A Ética* e *Ética a Nicômaco*) à discussão sobre o que realmente seria a felicidade e qual é o caminho que devemos seguir para encontrá-la. Já adianto logo que não existe uma resposta certa, preto no branco, nem fórmula matemática para a obtenção da felicidade. Essa busca é individual e particular à sua experiência. No entanto, as discussões teóricas acerca do tema podem nos ajudar a encontrar o nosso próprio caminho.

A felicidade é o fim último de todas as nossas atividades. É o bem supremo do homem. Tudo o que fazemos na nossa vida visa obtê-la. Aristóteles apresenta dois caminhos: a vida política e moral, mais sobre controle da razão; e a vida contemplativa, que exalta uma parte mais divina da natureza humana. Para atingirmos a felicidade, devemos viver uma vida de virtudes. As virtudes, aqui, são caracterizadas como práticas que inclinam o ser humano para o bem, para a busca pela felicidade.

Para termos uma vida virtuosa, devemos sempre buscar a mediania, a medida justa entre dois extremos de uma ação. Ou seja, nos esquivarmos dos vícios (da falta ou do excesso de algo) para seguirmos o caminho do meio, encontrando um equilíbrio que nos traga felicidade. É muito importante lembrar que a felicidade advinda das virtudes vem no decorrer da vida, não em episódios isolados. Consoante Aristóteles: uma andorinha não faz verão, nem um dia tampouco; e da mesma forma um dia, ou um breve espaço de tempo, não faz um homem feliz e venturoso.

Ainda em Aristóteles, vemos que alguns bens amorais também podem contribuir para a eudaimonia (ou impedi-la, pela sua ausência). É o caso do dinheiro, para muitas pessoas. O dinheiro é um instrumento para a realização de sonhos, para o cumprimento de objetivos e para a consequente obtenção de eudaimonia. Entretanto, o dinheiro, por si só, não lhe trará felicidade; ele apenas pode ajudá-lo a encontrar o caminho certo para atingi-la.

Solve For Happy

Esses dias, estive refletindo sobre o caminho para a felicidade, e como nós construímos uma visão bastante deturpada do que ele realmente é. Encontrei um autor que conseguiu restaurar, pelo menos em parte, a realidade da nossa busca pela felicidade. Mo Gawdat é um engenheiro e executivo da Google que, apesar da sua cabeça matemática, resolveu se voltar para uma questão filosófica e existencialista: como encontramos a tal da felicidade que tanto almejamos?

Em seu livro *A fórmula da felicidade* (*Solve For Happy*, no original, em inglês), Gawdat teoriza que a felicidade nada mais é do que a diferença entre o que você espera da vida e o que realmente acontece. Ou seja, você tem total controle sobre sua felicidade, desde que saiba manejar as suas expectativas. Suponha que você vá a uma lanchonete e peça um cheeseburger. Você imagina o melhor sanduíche do mundo, aqueles dos comerciais, com aquela montanha de queijo derretido e a carne mais suculenta que você já provou. Surreal, né? Pois é. Depois de uma longa espera, chega o tal do cheeseburger e seu ânimo cai instantaneamente. "Cadê aquilo que eu estava imaginando?" Perceba que, ao criar expectativas irreais, que não condizem com a realidade, você se colocou na armadilha da infelicidade. O gap entre o que você esperava e o que você recebeu é grande demais.

Essa discrepância entre a sua expectativa e o que realmente acontece no plano material causa uma sensação. Ela pode ser positiva, se a expectativa for suprida ou até extrapolada, ou pode ser negativa, se o real falhar em atingi-la.

Por que nos colocamos nessa armadilha?

Desde o início das nossas vidas, somos inerentemente felizes, desde que tenhamos nossas necessidades básicas atendidas. O estado natural do ser humano tende à felicidade. Conforme crescemos, vamos acoplando coisas na nossa vida e na nossa mentalidade que nos tornam menos felizes. Vamos aglomerando expectativas e enchendo nossas mentes com padrões irreais e absurdamente altos, de forma que nunca consigamos realmente suprir aquela imagem ideal que criamos para cada nova experiência. Vivemos, assim, na infelicidade, na angústia da não satisfação, sempre querendo consertar o problema com coisas materiais. Não é isso.

O caminho para a felicidade é, na verdade, um retorno para ela. O budismo compartilha dessa ideia, afirmando que, para ganharmos sabedoria, precisamos perder coisas todos os dias. A busca pela felicidade é o retorno para um estado natural do ser humano.

Como aplicar isso aos investimentos?

É simples. Ou melhor, deve ser simplificado. Na carteira de investimentos, deve-se ter somente o essencial para a conquista dos seus objetivos. Tirando o excesso, o desnecessário, conseguimos conquistar plenitude financeira e satisfação com nossos ativos. É como os artistas que pintam pela via negativa: para se pintar uma maçã, eles pintam tudo o que não é a maçã, e o resultado é uma maçã perfeita. Tirando os ativos que não lhe servem, deixando de ouvir os ruídos do mercado e mantendo o foco no seu objetivo e na sua jornada, construiremos a carteira que lhe satisfaça perfeitamente. Afinal, ativos são ferramentas para a obtenção dos seus sonhos e estilo de vida esperado. Não adianta nada acumular ferramentas que não lhe são úteis ou que estão danificadas. No fim do dia, elas ocupam espaço, causam estresse e não resolvem nada.

E mais: desligar-se dos ruídos e saber distinguir entre informações corriqueiras e dados importantes é essencial para a preservação da saúde mental e da felicidade, no mercado financeiro. É como o famoso cubo mágico: existem 43 quintilhões de possibilidades de movimentos possíveis, mas somente uma resposta correta. Toda vez que você ouvir alguém tentando usar o sistema econômico para prever o que vai acontecer, lembre-se de que, para realizarmos todos os movimentos do cubo mágico, levaríamos 1.400 anos. Imagine tentar "resolver o mercado", que possui infinitos movimentos, variáveis e agentes. É uma tarefa impossível. Mantenha o foco no seu objetivo, no *lifestyle* que você quer construir, e busque bloquear os ruídos de mercado, para preservar a sua felicidade no ambiente financeiro.

VIESES COGNITIVOS

Numa terra de fugitivos, aquele que anda na direção contrária parece estar fugindo
T.S. Eliot

Se há algo em que você realmente quer acreditar, é justamente isso que você tem que questionar acima de tudo
Penn Jillette

Uma meia-verdade é sempre uma mentira inteira
Provérbio chinês

Um viés cognitivo é, em sua essência, um erro sistemático de pensamento, que ocorre no processamento e na interpretação de informações que o indivíduo recebe sobre o mundo que o cerca, afetando decisões e julgamentos que ele possa fazer. A verdade é que o cérebro humano, embora magnífico e poderoso, está sujeito a muitas limitações.

Os vieses decorrem da tentativa humana de simplificar o processamento de informações, visando acelerar a nossa tomada de decisão. Podemos pensar nos vieses como aquelas velhas regras mantidas no bolso, para que sempre saibamos como agir em situações incomuns. Ou seja, os vieses agem como protótipos: a partir de uma imagem mental (ou do melhor exemplo em uma dada categoria), tentamos fazer correspondências com novas informações, ordenando-as de forma dinâmica e com mais rapidez.

Os vieses cognitivos afetam absolutamente todos os seres humanos. Então, se você acha que não precisa se informar, porque não cai na pegadinha dos vieses, pode voltar lá para o capítulo de mindset e tentar de novo.

Como em quase qualquer outro fenômeno psicológico, é mais fácil identificar os vieses cognitivos presentes no pensamento alheio, mas deve-se sempre manter em mente que você está sujeito à influência dessas "regras de bolso" diariamente, na maioria das decisões que você toma no seu cotidiano.

Preste atenção na sua rotina: você se concentra mais nas notícias de jornal que confirmam suas opiniões? Você atribui o sucesso de outros à sorte, enquanto o seu sucesso é advindo puramente do seu esforço? Você assume que outras pessoas compartilham de seus ideais e suas crenças, mas se assusta quando descobre o contrário? Você tem aquela antiga mania de aprender um pouco sobre um tópico novo e, rapidamente, assumir que você já sabe tudo o que há para saber sobre aquela área?

A lista das maneiras pelas quais os vieses cognitivos se infiltram no seu cotidiano é extensa, e seria impossível mapear tudo. Quando estamos tomando decisões e realizando julgamentos, gostamos de pensar que somos objetivos, lógicos, racionais e capazes de avaliar toda informação que nos é fornecida. Entretanto, esse não é bem o caso. A boa notícia é que buscar entender o nosso sistema perceptivo e os vieses que o afetam já é o primeiro passo para amenizar os impactos negativos que os vieses e as heurísticas de pensamento têm, nos nossos processos cognitivos.

O conceito foi primeiramente introduzido por Amos Tversky e Daniel Kahneman em 1972. Para aqueles que querem se aprofundar ainda mais no tema, recomendo a leitura de *Rápido e Devagar: duas formas de pensar*, escrito por Daniel Kahneman e publicado em 2011. Desde a descoberta dos vieses, inúmeras pesquisas científicas foram conduzidas, culminando na descoberta de mais de cem vieses diferentes, que afetam a nossa tomada de decisão como indivíduos e como sociedade. Kahneman discorre sobre os nossos dois sistemas de pensamento, explicitando as heurísticas e os vieses que os influenciam e aplicando os conceitos à teoria econômica, para explicar a tomada de decisão do indivíduo inserido socialmente.

Afinal, o que é o pensamento? O pensamento, embora pareça algo muito abstrato, refere-se a todas as atividades cerebrais associadas a processamento, conhecimento, recordação e comunicação. Ao pensarmos, criamos conceitos, resolvemos problemas, tomamos decisões e julgamos situações.

O pensar é inerente ao ser humano e constitui o processo da utilização da mente para considerar as informações que recebemos. Na psicologia, o pensamento é visto como um processo psicológico básico, que nos fornece a capacidade de compreender, elaborar conceitos e organizá-los. Assim, inter-relacionamos os conceitos e criamos novas representações, das quais se originam novos pensamentos.

Existem inúmeras teorias que elaboram a dualidade do nosso sistema perceptivo. Acredita-se que o conceito de um sistema dual tenha sido concebido por William James, que teorizou sobre dois tipos distintos de pensamento: o associativo e o raciocínio verdadeiro. Após James, incontáveis estudiosos elaboraram suas próprias teorias, compondo um conjunto que ficou conhecido como Teoria do Processamento Dual ou Teoria do Sistema Dual. Essas teorias constatam que o pensamento é fundamentado por dois sistemas divergentes: o sistema 1 e o sistema 2.

O sistema 1 (ou sistema rápido) opera de forma ligeira e automática, com pouco ou nenhum esforço, e nenhuma percepção de controle voluntário. É ele que está operando quando detectamos hostilidade em uma voz, quando respondemos 2 + 2 = 4, quando lemos palavras grandes em cartazes ou quando viramos a cabeça, ao ouvirmos alguém chamar nosso nome. As operações automáticas no sistema 1 geram padrões de ideias surpreendentemente complexas, mas apenas o sistema 2 pode construir pensamentos em séries ordenadas de passos.

O sistema 2 (ou sistema devagar) aloca atenção às atividades mentais laboriosas, como cálculos complexos ou resolução de novos problemas. Essas operações estão intrinsecamente relacionadas com a experiência subjetiva de atividade, escolha e concentração; e envolvem procurar, sondar, manter, monitorar, contar e verificar informações. O sistema 2 está ligado ao controle executivo, que inclui uma série de funções elaboradas, como: adaptar suas opiniões e condutas a novas situações; controlar respostas impulsivas e automáticas através da atenção e do raciocínio; supervisionar a sua conduta para garantir a realização correta de uma tarefa; pensar em eventos futuros e antecipar mentalmente a maneira correta de executá-los; e armazenar informações temporariamente, para lidar com elas na realização de tarefas cognitivas complexas.

Há um conflito entre os dois sistemas, explicitado pela luta entre uma reação automática e uma intenção de controlá-la. Esse conflito fica bem aparente durante a realização da Tarefa Stroop, elaborada por John Ridley Stroop, em 1929. O teste funciona da seguinte maneira: o participante deve ler uma lista de nomes de cores, mas cada nome está impresso em uma cor diferente da expressa.

Ou seja, a palavra "laranja" estaria impressa em azul. Primeiramente, o participante deve atentar para ler somente a palavra impressa. Depois, uma nova lista lhe é dada, e ele deve ler somente a cor na qual a palavra foi impressa. A descoberta do pesquisador ficou conhecida como Efeito Stroop e é um dos fenômenos mais estudados pela psicologia cognitiva, sendo relacionado à nossa atenção seletiva — a capacidade de respondermos a certos estímulos ambientais, enquanto ignoramos outros.

O Efeito Stroop é a capacidade do sujeito de classificar a informação que o cerca e reagir de modo seletivo a essa informação. Como a leitura de palavras é uma tarefa praticada diariamente, ela torna-se automatizada pelo cérebro humano.

Como explicita Kahneman, as tarefas que são muito exercitadas tornam-se automáticas, passam a ser realizadas numa modalidade de processamento automático, sem exigência de grande esforço mental (Kahneman & Chajczyk, 1983). Assim, visto que a leitura é automática, nomear somente a cor torna-se uma tarefa árdua, porque exige a supressão da soletração da palavra. Esse fenômeno é decorrente do conflito entre o processamento das dimensões irrelevantes do estímulo e o processamento da tarefa pedida.

Percebe-se que o nosso cérebro, ao tentar facilitar a nossa vida por meio da automatização de certos processos, acaba colocando alguns obstáculos para nossa resolução de problemas.

Nós temos três caminhos básicos para a resolução de problemas. Primeiramente, temos o clássico procedimento de tentativa e erro: tentamos algo e, se der errado, tentamos uma coisa diferente, até acharmos o que funciona. Também temos o algoritmo, que é um procedimento passo a passo que nos leva à solução. Por fim, temos as heurísticas: estratégias simplificadas para a solução de um problema. Embora sejam mais rápidas, as heurísticas são muito propensas a erros.

Temos duas heurísticas muito importantes, que utilizamos corriqueiramente: a heurística de representatividade, que consiste em ignorar informações importantes para comprovar o seu ponto de vista; e a heurística de disponibilidade, na qual baseamos um julgamento somente nas informações disponíveis na nossa memória.

Os vieses são obstáculos na solução de problemas. Os atalhos mentais que tão frequentemente tomamos levam a desvios na nossa racionalidade e lógica. Ao elaborarmos padrões, baseados em nossas experiências e percepções prévias, muitas vezes distorcemos o nosso julgamento e fazemos escolhas irracionais. Como dito anteriormente, existem inúmeros vieses cognitivos, mas abordaremos aqui somente os dez que mais afetam nossa tomada de decisão rotineira — e como investidores.

Viés da confirmação

Nós temos uma tendência para buscar as informações que apoiam as nossas ideias, crenças e valores. Esse viés é posto em prática quando ativamente procuramos somente aquelas informações que confirmem nossas preconcepções, ignorando tudo aquilo que possa nos contradizer. Às vezes queremos tanto confirmar a nossa hipótese que desconsideramos dados relevantes que possam invalidá-la ou paramos de coletar informações quando nos deparamos com evidências que comprovem nossas ideias.

O viés de confirmação foi um dos primeiros a serem descobertos. Em 1620, Francis Bacon o descreveu, afirmando:

> Uma vez que o entendimento de um homem se baseia em algo (seja porque é uma crença já aceita ou porque o agrada), isso atrai tudo à sua volta para apoiar e concordar com a opinião adotada. Mesmo que um número maior de evidências contrárias seja encontrado, ele as ignora ou desconsidera, ou faz distinções sutis para rejeitá-las, preservando a autoridade imparcial de suas primeiras concepções. (Bacon, 1620)

O viés de confirmação pode afetar tanto indivíduos quanto instituições. Os investidores podem sentir esse efeito, quando buscam somente informações que apoiam suas crenças sobre determinado ativo, ignorando as demais. Essa seletividade de informação e dados pode levar a uma carência de diversificação da carteira, bem como à escolha de investimentos que não se enquadram realmente no perfil do investidor. Uma pessoa que alocou 60% de seu patrimônio em fundos imobiliários de logística, por exemplo, pode absorver somente as notícias positivas sobre o setor e concentrar ainda mais seus investimentos.

Aversão à perda

"Perdas crescem maiores do que ganhos" (Kahneman; Tversky, 1972). Estima-se que a dor psicológica advinda da perda seja até duas vezes mais poderosa do que o prazer do ganho. É em consequência desse viés que tendemos a nos expor cada vez mais aos riscos, com o objetivo de reparar eventuais prejuízos.

A disparidade na forma como sentimos as perdas e os ganhos pode nos levar a temer o desperdício de boas oportunidades de investimento, expondo-nos àquelas clássicas armadilhas escusas, vestidas de "oportunidades imperdíveis".

A aversão à perda caminha de mãos dadas com os investidores ansiosos que, assim que percebem uma queda no valor de determinada ação, se apressam para vendê-la, temendo que caia ainda mais. Por outro lado, é o mesmo viés que pode levar à insistência em investimentos que já não têm mais perspectiva de melhora, pelo medo de sofrer um prejuízo.

Em seu livro, Kahneman fornece um exemplo que ilustra perfeitamente a nossa aversão à perda: imagine que você está jogando cara ou coroa com seu amigo. Ele propõe que, se você perder o próximo jogo, deve pagar R$ 100. Entretanto, se você ganhar, receberá R$ 150. Você arriscaria? Se olharmos pelo ponto de vista estrito do valor esperado, vale a pena apostar. Porém, a maioria dos indivíduos não o faria, por medo da perda dos cem reais. Mesmo que a probabilidade de ganhar R$ 150 seja idêntica.

Viés retrospectivo ou Percepção tardia

Nossa projeção do futuro e percepção do passado são raramente justas. Nossa memória é muito suscetível a distorções, o que pode nos levar a perceber e avaliar eventos de forma diferente, uma vez que eles tenham ocorrido. É aquela clássica pergunta do universitário que está estudando a quebra da bolsa de valores de Nova York: como eles não viram isso acontecendo?

Esse é o viés retrospectivo entrando em ação: uma vez que sabemos o desfecho de um evento, produzimos uma falsa sensação de inevitabilidade ("É óbvio que a bolsa quebrou", "É óbvio que a crise de 2008 aconteceu"). O que acontece é uma falha ao recordar o sentimento de incerteza que antecede um determinado evento, gerando uma ilusão de que aquele acontecimento era altamente previsível (Bhattacharya; Roese & Vohs, 2012 apud Oliveira, 2017).

A história de um jovem parisiense, nascido em 1743, me vem à mente. Apaixonado por ciências naturais, química e matemática, Antoine dedicou-se ao estudo, com enorme entusiasmo. Despendia uma parcela relevante do seu tempo a ações sociais, envolvendo-se em projetos que levassem melhorias ao povo, como o aperfeiçoamento da iluminação das ruas da cidade de Paris, e maneiras de trazer água limpa para a população. O jovem Antoine trabalhou, inclusive, com a promoção de soluções que combatessem a baixa qualidade de vida dos presidiários.

O estudioso envolveu-se com inúmeras atividades comerciais, e uma delas, em especial, levou a consequências muito importantes. A General Farmer — única empresa que importava, produzia e vendia tabaco, na época — recrutou Antoine para desenvolver maneiras de verificar se o seu produto estava sendo falsificado. O jovem químico percebeu, nesses estudos, que, ao adicionar uma quantidade precisa de cinzas e água, o tabaco tornava-se mais agradável para o consumo. Desde então, a General Farmer começou a seguir tal prática.

Em 1793, durante a Revolução Francesa, em uma súbita reviravolta da história, Antoine foi preso e condenado à morte por adulteração de tabaco e evasão fiscal. Ele refutou todas as acusações, mas o Estado pretendia se locupletar com seus bens, para que, de alguma forma, fossem levantados recursos para financiar a máquina pública.

Em sua última apelação, Antoine pediu que sua vida fosse poupada, para que pudesse continuar os seus estudos e avanços no campo da química. O juiz do Tribunal Revolucionário disse, em resposta ao pedido de Antoine: *La République n'a pas besoin de savants ni de chimistes; le cours de la justice ne peut pas être suspendu* — ou a República não precisa de cientistas ou químicos; o curso da justiça não pode esperar.

Antoine-Laurent de Lavoisier, descobridor da função do oxigênio na combustão, o cientista que previu a existência do silício e nomeou o hidrogênio — considerado hoje o pai da química moderna — foi decapitado em 8 de maio de 1794, aos cinquenta anos de idade. A história é o que é. Não se pode mudar o passado, mas podemos aprender com ele.

Hoje, é fácil entender a enorme importância de Lavoisier e das suas conquistas científicas, pois temos o viés retrospectivo em nosso favor. No entanto, a aleatoriedade não é reversível. Não se trata de um processo que, *ex post*, possa retornar ao estado inicial. Ao olharmos para uma poça d'água, não podemos determinar o formato da pedra de gelo. Isso ficou muito claro no caso do juiz que condenou Lavoisier à morte.

O viés retrospectivo faz com que avaliemos a qualidade de uma decisão somente com base na qualidade do desfecho, sem considerar a solidez do processo que nos levou até ela. A sorte pode encobrir a decisão excessivamente arriscada de um gestor e levá-lo à glória e fama por aqueles que não analisam seu processo de tomada de decisão.

Igualmente, um gestor que toma uma decisão sensata pode ser considerado incompetente por aqueles que só veem o resultado negativo atrelado a ela. Colocando em termos mais concretos, um gestor que, em um momento de crise, opta por comprar mais ações de uma companhia que considera sólida, aguentando um resultado negativo por alguns meses, pode ser visto como incompetente, no curto prazo, por aqueles que olham somente o saldo da conta de investimentos. Igualmente, um *trader* que dá sorte e consegue auferir um lucro grande em um dia pode ser visto como herói por aqueles que não consideram a inviabilidade desse processo de tomada de decisão no longo prazo.

Não se deve classificar a qualidade de uma decisão pelo seu desfecho. Temos que analisá-la pelo seu desenvolvimento racional. A vida não é um jogo com normas pétreas. Assemelha-se mais a um jogo de pôquer, em uma sala esfumaçada, no fundo de estabelecimento clandestino, contra adversários bastante hostis e pouco confiáveis. Você pode tomar uma decisão equivocada que tenha um desfecho positivo desde que a sorte lhe estenda a mão, mas seria imprudente usar da mesma estratégia em decisões futuras.

Normalmente, assumimos como fruto de nosso mérito os bons resultados, mesmo que os tenhamos atingido por mera sorte, e largamos as perdas no colo de um culpado qualquer. Esse diagrama faz justiça, devolvendo o fardo da vitória ou do fracasso ao seu legítimo dono. Só assim você tomará melhores decisões, doa a quem doer.

A força de culpar os outros pelos nossos insucessos é incrivelmente poderosa e todos nós temos esse barco pirata a singrar dentro de nós. Infelizmente, somente tomar consciência da existência nefasta desse viés não anula sua ação por completo. Veja a figura a seguir, conhecida como a "Ilusão de Müller-Lyer". Qual das três linhas é maior?

ILUSÃO DE MÜLLER-LYER

Figura 8: Ilusão de Müller-Lyer.

As três linhas são do mesmo tamanho, como exemplificado abaixo:

Figura 9: Demonstração da ilusão.

Meu ponto é que, mesmo agora que você sabe que as linhas são exatamente do mesmo tamanho, isso não é suficiente para tornar-se imune à ilusão. Continuamos vendo a linha do meio como a maior. Achar que a bolsa de valores sairá dos 80 mil pontos e chegará aos 100 mil pontos não é motivo suficiente para que tal evento ocorra. Temos que incluir, em nossas decisões, o yin do yang.

Se imaginarmos que a bolsa subirá para os 100 mil e temos 80% de convicção de que isto ocorrerá, e que, ao mesmo tempo, existe a possibilidade de que algum evento próximo a traga para

40 mil pontos, estamos falando em um patamar de 88 mil pontos (80% × 100.000 + 20% × 40.000 = 88.000).

Utilizando desse raciocínio, você implicitamente acredita em uma alta de 10%, e não em uma variação positiva de 25%. Isso é interessante, pois ambas têm, como cenário positivo, os 100 mil pontos, mas apenas uma inclui o cenário de 40 mil. Precisamos ponderar as possibilidades, até as mais improváveis, guardando um espaço para aquilo que nem probabilidade é. Depois do fato ocorrido, temos a tendência de pensar: era óbvio que isso ocorreria! Como eu não pensei nisso antes?

Viés da ancoragem

Comum no cotidiano dos investidores, o viés da ancoragem é consequência da nossa ineficiência na avaliação das magnitudes absolutas. Ou seja, sempre precisamos de um ponto de referência para basearmos nossas estimativas e julgamentos, e isso nos faz considerar informações às quais fomos expostos previamente na tomada de decisões, mesmo que sejam completamente irrelevantes para o assunto em questão.

Esse comportamento é muito frequente entre investidores que se ancoram no preço de compra de uma determinada ação, utilizando somente esse valor na decisão de manutenção ou venda do ativo. É o clássico investidor teimoso, que, muitas vezes, segura uma posição desvantajosa, na expectativa de que se recupere e retorne ao preço original, mesmo que nenhuma evidência indique essa possibilidade.

A ancoragem resulta do processo conhecido como *priming*, um mecanismo que faz com que palavras, conceitos e números evoquem pensamentos semelhantes, em cadeia. O *priming* diz respeito à capacidade associativa do nosso cérebro e é responsável pela nossa predisposição, diante de experiências novas, a adotar determinados comportamentos que funcionaram com experiências similares passadas.

O problema do *priming* é que ele nos torna muito suscetíveis às notícias e à mídia, levando-nos a decisões mal-informadas. O exemplo mais frequente que vemos do efeito do *priming* nos investidores é durante uma crise. Teoricamente, é durante a crise que o investidor deve comprar mais ações, pois elas estão baratas e existem muitas oportunidades. Entretanto, a veiculação midiática da crise alimenta os pensamentos pessimistas, fazendo com que o investidor se retraia e não só desperdice essas oportunidades, mas realize perdas vendendo ativos enquanto estão em queda do mercado.

O excesso de confiança

Conhecido como o pai dos vieses, o excesso de confiança é o que mais nos induz ao erro. Ao confiarmos excessivamente em nossos próprios conhecimentos e superestimarmos nossa capacidade para tomar uma decisão, tendemos a achar que estamos sempre corretos. Acreditamos que as informações que estão disponíveis são suficientes para tomarmos decisões, que conseguimos, de certa forma, controlar eventos e riscos ou que somos dotados de capacidades analíticas superiores aos outros agentes do mercado.

Esse viés, vale dizer, é alimentado pelo viés da confirmação. Ao buscarmos sempre informações que confirmem nossas crenças, avaliamos de forma incorreta o nosso real nível de conhecimento e, muitas vezes, achamos que somos experts em determinado assunto sem saber nem sequer 5% das informações que existem acerca dele.

Toda vez que um investidor tem êxito com alguma estratégia de investimento, ele está correndo o risco de alimentar seu ego e acreditar excessivamente na sua própria capacidade, ignorando o papel do acaso no seu sucesso. Um excelente estudo de 2006, realizado com cerca de 300 gestores de fundos, concluiu uma impossibilidade estatística: 74% da amostra declarou que possuía um desempenho acima da média, enquanto 26% declararam um desempenho mediano.

Os investidores excessivamente confiantes, por se acreditarem superiores aos demais, muitas vezes fazem escolhas demasiadamente arriscadas ou mexem demais em suas posições, o que pode levar a retornos abaixo da média de mercado.

O papel do efeito de enquadramento

O efeito de enquadramento é outro viés que afeta, diariamente, o nosso processo de tomada de decisão. Ele aponta para o quão facilmente somos influenciáveis, constatando que o processo decisório é amplamente influenciado: seja pela forma como as opções são enquadradas, seja pela maneira como o problema é formulado. Sendo assim, tomamos muitas decisões com base na apresentação das alternativas como positivas ou negativas. Um estudo realizado por Kahneman e Tversky comprova a existência desse viés. Em 1981, a pesquisa publicada no artigo "The framing of decisions and the psychology of choice" (O enquadramento das decisões e a psicologia das escolhas) pedia que participantes de dois grupos diferentes escolhessem entre dois tratamentos (A ou B) para 600 pessoas infectadas com um vírus letal.

O grupo 1 foi informado de que, com o tratamento A, 200 pessoas seriam salvas; enquanto, com o tratamento B, havia uma probabilidade de 33% de salvar todas as vidas e 66% de não salvar nenhuma. A maioria dos participantes optou pelo tratamento A.

No grupo 2, os participantes foram informados de que, com o tratamento A, 400 pessoas morrerão, enquanto com o tratamento B existe uma probabilidade de 33% de que ninguém morrerá e uma probabilidade de 66% de que 600 pessoas morrerão. A maioria dos participantes escolheu o tratamento B.

O tratamento apresentado para ambos os grupos era exatamente igual. A única diferença foi o contexto e a abordagem escolhida para apresentação das propostas. Quando o enquadramento positivo favorecia uma das opções, ela foi escolhida. A formulação do problema ou da escolha de maneira positiva é o principal gatilho para o efeito do enquadramento.

Como espécie, gostamos de focar no que pode dar certo. Pense que você vai receber más notícias do seu médico. Você prefere que ele diga que você tem 90% de chance de se curar completamente ou 10% de chance de falecer? Nós tendemos a preferir olhar para o copo 50% cheio, não 50% vazio.

Por que somos tão facilmente influenciáveis?

Seres humanos tendem a acreditar em coisas que não são verdadeiras, lembrar de eventos que nunca realmente aconteceram e utilizar informações irrelevantes para decidir se um fato é verdadeiro ou não. Acontece até com as pessoas mais inteligentes e sofisticadas. Somos facilmente influenciados e manipulados, muitas vezes por coisas que nos escapam à percepção.

Um estudo conduzido por Norbert Schwarz e Rolf Reber evidencia que as pessoas são mais prováveis de categorizar um fato como verdadeiro quando escrito com um alto contraste de cores (como tinta azul em papel branco). É óbvio, se pararmos para racionalizar, que a cor nada tem a ver com a veracidade do fato mencionado, mas o nosso cérebro produz automaticamente esse viés: associamos a facilidade de ler algo com a veracidade do escrito.

Nossa percepção de algo pode ser influenciada por fatores ainda mais sutis, como a dificuldade de pronunciar uma palavra. Pode acreditar, as pessoas tendem a gostar de produtos, ações e atividades que são fáceis de pronunciar. Ao avaliar uma montanha-russa, aquela de nome Ohanzee será vista como mais segura que a Tsi Chili.

Mas por que isso acontece, exatamente? Nós associamos a facilidade que temos no processamento de uma nova informação com um sentimento de familiaridade. Desse sentimento surge a noção de que, como aquela informação já nos é familiar, ela deve ser crível e verdadeira.

Nossa memória não é 100% confiável. Ao apresentarmos uma foto de infância falsificada no Photoshop, a maioria das pessoas vai declarar recordar-se do acontecimento da foto como se ele realmente tivesse acontecido. Então, se eu mostrar uma foto sua, quando criança, sobrevoando sua cidade de balão, você provavelmente vai se recordar daquele evento, com uma intensidade verdadeira — mesmo que ele nunca tenha ocorrido.

Essencialmente, você reajustou sua memória para se encaixar a uma nova informação recebida. Nós distorcemos a realidade porque nos concentramos no conteúdo de uma mensagem, não necessariamente na sua relevância. Ao vermos a foto, aceitamos sua veracidade porque já temos uma noção preconcebida de que fotos são registros verdadeiros de eventos passados.

Os nossos dois "eus"

Assim como os dois sistemas de pensamento, nós temos dois eus que interagem e se dividem de acordo com as nossas experiências. Lembrando que não são duas mentes diferentes, nem duas personalidades diferentes. São dois eus que compõem uma só mente, uma só personalidade: a sua.

O eu experiencial é aquele que vive os momentos, enquanto o eu recordativo é o que conduz uma avaliação retrospectiva com base nas vivências do eu experiencial. O nosso processo de tomada de decisão é intrinsecamente dual e nem sempre avaliamos corretamente as consequências de nossas ações.

Para avaliar melhor o funcionamento dos nossos dois eus e sua influência no nosso processo de escolha, Daniel Kahneman desenvolveu alguns experimentos com pacientes que passaram por exames médicos. Ele mediu a intensidade da dor, no momento dos exames, e contrastou com a intensidade da lembrança da dor experienciada, após o término do exame.

Um grupo recebeu uma frequência de dor constante, ao longo do exame, enquanto o outro recebeu somente uma quantia mais acentuada de dor ao final do exame. As medidas de dor mais elevadas no final do procedimento eram muito mais marcantes do que os procedimentos mais longos com dor mais elevada e constante. O experimento comprovou a existência do conflito entre o eu recordativo e o experiencial na tomada de decisão.

Constatou-se que o eu recordativo tende a se sobrepor ao experiencial. Os indivíduos levam em conta, principalmente, a intensidade do estímulo ao final de uma experiência, em vez de avaliar a duração média do estímulo. Assim, não tomamos sempre a melhor decisão, pois não utilizamos critérios racionais e matemáticos para julgar as alternativas.

O eu experiencial age como uma soma de todos os momentos vividos na vida, mas o eu recordativo se sobrepõe, ao lembrar apenas dos momentos mais marcantes no tempo, priorizando certos momentos em detrimento de outros. Foi esse pensamento que deu origem à máxima de Kahneman: "a mente é boa com histórias, mas não parece bem projetada para o processamento do tempo" (Kahneman, 2012).

Como não se deixar enviesar?

Os vieses cognitivos não são tão malignos quanto parecem e, muitas vezes, nos ajudam a processar informações de forma rápida e dinâmica. Imagina se você tivesse que passar por um processo extenuante de avaliação de informação toda vez que recebesse um estímulo novo? Seria exaustivo e não teríamos tempo para quase nada além disso. Ao associarmos informações e conectarmos novas vivências com experiências passadas, facilitamos o nosso *intake* cognitivo e conseguimos realizar diversas atividades e aprender uma gama complexa de coisas novas.

Ter consciência dos vieses cognitivos é o primeiro passo para impedir que eles o influenciem de forma negativa. Questionar as informações que lhe são dadas e prestar atenção no seu processo de raciocínio e tomada de decisão são práticas que também nos ajudam a identificar os vieses em nosso próprio comportamento e corrigi-los. Utilize a mentalidade de iniciante, que já abordamos no capítulo sobre mindset, e aceite o fato de que você não sabe tudo — e que, muitas vezes, está errado. Mantenha sua autoconfiança sob controle e esteja sempre aberto a ouvir opiniões diferentes.

Reconheça as ilusões às quais estamos sujeitos. Admita que vivemos em um mundo imprevisível. Na verdade, mais do que isso, pois até a imprevisibilidade denota um certo grau de previsibilidade. Moramos à margem do desconhecido, que se forma, aos nossos olhos, a cada inspiração. Tentar prever exatamente o que vai ocorrer no futuro é inútil. Temos que aprender a caminhar sobre as incertezas e aceitá-las como companheiras preciosas. O fato é que precisamos tomar decisões sem conhecermos todas as variáveis relevantes à equação. Temos que nos posicionar com o que temos em mãos.

Mostrem-me os fatos

Eu também acho um monte de coisa que eu não entendo. A questão é que, se você não está em risco, sua palavra de quase nada vale, para mim. Eu não acredito 100% nem na minha própria opinião; por que acreditaria na sua? Como já falamos, todos são enviesados. Opinião e nada é quase a mesma coisa. Busque se basear em fatos, em argumento e lógica. A conversa de bar nada agregará para sua existência. Cumprir o job social do investidor não o tornará um melhor investidor — talvez só dê mais ansiedade.

Em economia, isso é comum: ter resposta para tudo, numa retroalimentação das ideias. Ninguém realmente usa o tempo para questionar o porquê das coisas. É como você tomar Neosaldina® para dor de cabeça sem saber a causa da dor. Você está curando o sintoma, mas nunca chegará à raiz do problema se não questionar o porquê de aquela dor estar o afligindo. Nós criticamos as crianças quando incessantemente perguntam, mas devemos ser mais como elas. O investidor comum deve entender que ele tem a capacidade, só acha que não há o ferramental porque fica dando ouvidos à opinião de pessoas que nada sabem da sua realidade ou dos seus objetivos.

Tem uma história muito interessante sobre a irrelevância das opiniões que não se fundamentam em dados concretos. Fizeram um teste com os chefes de estado em Davos, no World Economic Forum, no qual perguntavam sobre uma série de informações relevantes para cada chefe, que respondiam quase totalmente baseados em suas opiniões — no que eles achavam ser a resposta correta.

Fizeram um macaco responder às mesmas perguntas de forma aleatória, e ele acabou acertando mais questões do que os chefes de Estado. Moral da história? Achar é irrelevante. Confiar na probabilidade é essencial, pois o nosso pensamento é necessariamente enviesado.

A BOA NOTÍCIA: NEUROPLASTICIDADE

Aprender é a única coisa de que a mente nunca se cansa, nunca tem medo, e nunca se arrepende
Leonardo Da Vinci

A neuroplasticidade é um processo biológico de reorganização das nossas sinapses cerebrais em resposta a novos estímulos. Espere, vamos voltar duas casas: a sinapse é o processo de comunicação entre neurônios, responsável pela nossa aprendizagem, memória e todas as funções cognitivas.

O nosso cérebro está sempre buscando a otimização do seu funcionamento e processamento de informações; então, estabelece padrões de pensamento que fortalecem redes de neurônios e conexões sinápticas que já estão estabelecidas. É por isso que hábitos antigos são tão difíceis de quebrar. As redes sinápticas responsáveis por esse comportamento estão sendo fortalecidas há muito tempo, então é como um "modo padrão" de funcionamento do seu cérebro.

De uma forma simplificada, a neuroplasticidade é a base de toda experiência humana que envolva cognição. Ou seja, é a base de toda experiência humana. Aprendizagem e memória, que são essenciais para o funcionamento do cérebro humano, só são possíveis graças à neuroplasticidade.

É justamente essa capacidade de reorganização e adaptação que possibilita a aquisição de novas informações e competências. Além disso, a neuroplasticidade também é importante para pacientes que estão se recuperando de traumas ou lesões cerebrais. Ela permite que aprendamos funções perdidas ou que realoquemos habilidades em áreas diversas do cérebro. Se você sofre um acidente vascular encefálico, que prejudica a área responsável pela linguagem, outra área cerebral pode usar a neuroplasticidade para aprender funções que compensem aquela perda.

Durante muitas décadas, desde o princípio da neurociência, os cientistas acreditavam que o nosso cérebro — depois de formado — tornava-se uma estrutura sólida e imutável. Isto posto, também acreditavam que as lesões cerebrais eram permanentes, pois as estruturas cerebrais jamais poderiam ser reconstruídas ou adaptadas.

Hoje em dia, sabemos que isso não é verdade. O sistema nervoso central tem uma grande capacidade adaptativa. Após a descoberta dessa capacidade do nosso cérebro, a unidade central passou a ser a rede de neurônios que se comunicam e não somente o neurônio em si. A rede possibilita a adaptação e flexibilidade.

Vejamos assim: se você perde um neurônio e ele é a unidade central do seu sistema nervoso, não há o que fazer. Você não pode recuperá-lo e não tem como recuperar a informação que ele carregava. Todavia, se a unidade central do seu sistema nervoso é uma rede de neurônios, ao lesionar uma parte da rede, o restante se adapta para compensar o prejuízo. A rede neuronal se reestrutura de forma a permitir, por vezes, um funcionamento cerebral pleno, mesmo após lesões graves.

Como discutimos anteriormente, o seu cérebro está sendo alterado e moldado pelas experiências que você acumula ao longo da vida. Essa é a tal da neuroplasticidade ou plasticidade cerebral. O conceito de plasticidade cerebral foi cunhado pelo psicólogo americano William James em 1890, embora o termo "neuroplasticidade" só tenha sido utilizado décadas depois, por Jerzy Konorski. É definida como a nossa capacidade cerebral de criar e organizar conexões sinápticas, especialmente em situações de aprendizado ou após lesões cerebrais.

A neuroplasticidade é de extrema importância para o nosso processo de formação de hábitos, mudança de comportamento e aquisição de aprendizados. Quer dizer que o nosso cérebro é maleável e, com as ferramentas e a mentalidade corretas, conseguimos moldá-lo em nosso favor.

As conexões sinápticas são como trilhas que os estímulos percorrem em nossos cérebros. Toda vez que reforçamos a trilha, ela fica cada vez mais evidente, cada vez mais instalada no nosso sistema. Por isso, para mudar a trilha que seguimos, é necessário um esforço consciente. É preciso tirar o cérebro do modo automático e conscientemente escolher a nova trilha quando nos deparamos com estímulos e situações-problema.

Quebrar maus hábitos já consolidados no nosso sistema é uma tarefa muito difícil. Entretanto, podemos utilizar a neuroplasticidade a nosso favor na construção de novos hábitos positivos. Hábitos são formados como "atalhos" mentais, uma forma de nos poupar tempo e energia, ou simplesmente de nos proporcionar uma boa dose de serotonina. É por isso que, instintivamente, dirigimos para o trabalho e nem percebemos o que estamos fazendo, até chegarmos lá. Ou corremos para o açúcar, quando nos sentimos tristes.

Cada vez que cedemos a um mau hábito, estamos fortalecendo as conexões sinápticas que são responsáveis por ele. Não falo aqui somente de hábitos visivelmente destrutivos, como fumar ou beber excessivamente, mas todo e qualquer padrão comportamental que possa fazer mal para a nossa saúde. O lado positivo disso tudo é que o oposto também é verdadeiro. Toda vez que exercemos um hábito positivo, estamos fortalecendo as conexões sinápticas responsáveis por ele e enfraquecendo aquelas que reforçam hábitos nocivos.

Assim, caminhamos para o desenvolvimento de uma mentalidade mais saudável e benéfica. Cada vez que você escolhe o hábito saudável conscientemente, está facilitando para o seu cérebro escolhê-lo cada vez mais inconscientemente, até que se torne automático. Essa é a mágica por trás da neuroplasticidade.

Alguns períodos da nossa vida são marcados por uma neuroplasticidade exacerbada, como a infância. É mais fácil desenvolver hábitos, aprender línguas e realizar alterações comportamentais em crianças, pois o cérebro delas está mais maleável. Entretanto, isso não significa que não seja possível alterar o comportamento de adultos e idosos.

A neuroplasticidade está presente ao longo da nossa vida inteira, porque é uma das características centrais no nosso sistema cognitivo. Ou seja, aquela desculpa de "estou velho demais para aprender" não cola com qualquer um que saiba o básico de neurociência.

Consoante o psicólogo canadense Donald Hebb, o nível de atividade pode modificar a força de uma conexão sináptica entre os neurônios. O teórico foi responsável por postular a Lei de Hebb, que envolve um mecanismo de detecção de coincidências temporais nas atividades neuronais. É como uma musculação para o seu cérebro. Se dois neurônios estão ativos simultaneamente, a sua conexão sináptica é fortalecida. Entretanto, se somente um neurônio está ativo, sua conexão é enfraquecida.

Assim, toda vez que conscientemente nos esforçamos para percorrer a trilha de hábitos novos e mais saudáveis, estamos apagando as trilhas de hábitos nocivos, enfraquecendo as conexões sinápticas responsáveis por elas. Por isso, quando decidimos começar a investir, devemos conscientemente escolher praticar isso até que se torne um comportamento automático, até que se gere um novo hábito.

Tudo isso para dizer que é possível assumir responsabilidade pelo seu cérebro e pela sua forma de pensar. Se você reforçar a ideia de que investir é somente para pessoas ricas, por exemplo, vai acabar criando um padrão de pensamento que o limita e o impede de começar uma jornada no mundo das finanças. Devemos usar a neuroplasticidade a nosso favor, para criar uma mentalidade que possibilite a realização dos nossos sonhos, colocando em prática hábitos que nos são benéficos e eliminando aqueles que são nocivos.

Deve-se buscar uma mentalidade aberta às novas possibilidades, além de manter-se humilde, reconhecendo que você não sabe de tudo (não sabemos de quase nada, se formos falar a verdade). Assim, você se tornará próspero, não apenas financeiramente, mas em todas as esferas da vida.

ETERNO APRENDIZ

Não tenha medo de errar, pois você aprenderá a não cometer duas vezes o mesmo erro
Eleanor Roosevelt

A tragédia da existência é uma pessoa morrer sem ter atingido o seu potencial. Mas que potencial é esse? Há um limite para o que podemos atingir? Quem determina isso somos nós ou há alguma força superior que nos indica quando parar?

Esse pensamento induz muita ansiedade em uma mente despreparada. Entretanto, os mais maduros conseguem compreendê-lo como uma fonte de tranquilidade. "Se ninguém estabeleceu um limite para o meu potencial, posso continuar indo atrás do que eu quero, sem medo."

Corra atrás do que você pode ser: melhor do que foi ontem, semana passada, mês passado. Buscar esse constante aprimoramento é uma das formas de viver uma vida completa, permeada por aprendizados e experiências únicas. A única questão é: você está dependendo dos outros para alcançar o seu potencial ou já entendeu que só depende de você?

Uma vida sem aprendizado mais se assemelha à morte. Parece bruto, mas é a mais pura verdade. As pessoas gostam de afirmar que o ativo mais importante que temos não é o dinheiro ou nosso patrimônio, mas sim o tempo. Ouvimos isso constantemente. "O tempo é tudo que temos", mas não o é, na realidade. Não temos o tempo, não sabemos nem se ele existe de fato. O que temos é a nossa habilidade de gerar prosperidade. Este sim é o nosso ativo mais importante.

Essa é uma habilidade que se esvai. Se não estamos aprendendo algo novo, se estamos estacionários, estamos piorando. É de suma importância que aprendamos novas habilidades ou aprimoremos as que já possuímos, pois assim nos afastaremos da morte intelectual. Se você não aprende coisas diferentes e não atualiza os seus pensamentos, parece que se torna míope para a vida. O aprendizado nos permite enxergar as diferentes oportunidades que aparecem ao longo do caminho.

Aprender é fundamental para gerar riqueza e prosperidade. É importante delinear que isso não se limita ao estudo formal, mas à vontade de sempre continuar aprendendo. Essa é a característica fundamental, comum a todas as pessoas bem-sucedidas. Essa é a característica que fará com que você obtenha êxito em tudo aquilo a que se propuser. Com a capilaridade de raciocínio, advinda da constante renovação de aprendizados, você não se espantará com situações adversas, conseguindo resolver problemas com muito mais facilidade.

Mantenha-se sempre dentro do ciclo de aprendizagem e verá o seu ferramental técnico e teórico se expandindo cada vez mais. Acesse a genialidade daqueles que se propõem a estudar e aumentará a sua capacidade cognitiva exponencialmente, adquirindo um lastro cognitivo e experiência em vários campos diferentes. Renove a sua vida com cada livro, palestra, documentário e experiência.

Sobre determinação e força mental

Há algum tempo, eu me envolvi profundamente com o livro *Got Fight? The 50 Zen Principles of Hand to Face Combat*, de Forrest Griffin, ex-campeão do UFC, em que ele discute sobre os três estados mentais e as chaves para alcançá-los. O autor conta uma história muito interessante sobre a experiência que mudou sua perspectiva com relação à força física e mental.

Quando estava no colegial, Griffin era jogador de futebol americano. Enquanto caminhava com um grupo de amigos, viram um aluno, magricelo e cheio de livros, e foram incomodá-lo. Resolveram derrubar os livros do *nerd* (como o chamavam). O menino chegou ao ponto de quebra e partiu para cima deles. Claro que apanhou muito, mas não desistia. Caía no chão e se levantava novamente.

Foi aí que os jogadores perceberam que o menino estava disposto a ir até um lugar que eles não estavam: ele estava disposto a morrer, mas os caras não estavam dispostos a matar. Os jogadores começaram a fugir.

Griffin rememora a história, afirmando que o *nerd* tornou-se o herói dele, porque entrou em um mundo que eles não estavam dispostos a entrar. É como em um assalto: frequentemente o assaltante está disposto a fazer coisas que você não está. É uma luta que não dá para ganhar.

No fim das contas, quase tudo se resume à resiliência. Eu mesmo sempre fui ao extremo das coisas. Quando comecei a treinar artes marciais, queria ser faixa preta. Era meu maior objetivo e só conseguia pensar nisso. Treinava horas a fio. Mergulho de cabeça em tudo que me proponho a fazer e foi assim que eu percebi o valor da resiliência e da determinação.

Não adianta mergulhar de cabeça, se você não aguenta chegar ao outro lado da piscina olímpica. Aprendi isso nas artes marciais, quando meu professor passava o treino da posição de abraçar árvores. Cansam muito os ombros e as costas, dá um desespero e uma ansiedade louca. O professor nos deixava na posição e ia ler um livro ou resolver outras coisas, pela academia. A sensação de não saber quando termina o exercício é excruciante.

Qual era a única coisa que me mantinha ali? Minha força mental. Minha capacidade de reconhecer a importância do exercício no longo prazo e a habilidade de fazer meu cérebro triunfar sobre meu desgaste físico eram as chaves para o sucesso no exercício. Conquistei a minha faixa preta.

Minha história é cheia dessas experiências que me educaram sobre a importância da determinação. Quando era mais novo, um dos meus mestres (hoje em dia, meu sócio e amigo) chamou-me para meditar em um templo em Jundiaí. Saímos às 23h. O mestre acendeu um incenso imenso. Imediatamente pensei: "ferrou, vai demorar para sempre". Quando terminou o incenso, o mestre olhou para mim, pegou outro imenso e acendeu. Ficamos até 9h da manhã sentados, meditando.

Essa experiência me marcou imensamente. Se você aceita o seu presente e lida com ele, você ganha força mental, vai até o lugar em que muitos não estão dispostos a ir e mergulha em águas que você não conhece — apenas confiando na sua capacidade de ficar bem e de se adaptar.

A ansiedade é fatal para os seus investimentos. O mercado financeiro é um ótimo lugar para transferir dinheiro das mãos dos impacientes para os pacientes. Veja bem: o incenso é sua mania de ficar olhando os retornos da sua carteira. Não adianta ficar acompanhando o incenso queimar, pois não vai fazer o tempo passar mais rápido nem amenizar o seu sofrimento. O descompasso entre o presente e o futuro é o problema de tudo. Sentimentos bons são atrelados ao presente, mas os ruins se armazenam no passado ou no futuro. Culpa e raiva estão no passado; enquanto ansiedade e medo, no futuro. Aprenda a viver o momento, adaptar-se às adversidades e ter paciência para esperar os retornos que serão colhidos no longo prazo.

Não, não é talento

Muitos adoram atribuir o sucesso ao talento. Discordo, simplesmente porque não é verdade. Quando comecei a tocar guitarra, queria ser um exímio guitarrista. Estudava cerca de 8h por dia. Ganhei prêmios, fui eleito um dos seis melhores guitarristas do Brasil. Não foi talento, foi esforço.

Quando fui fazer meu MBA de negócios em Nova York, ganhei o prêmio de aluno-destaque do curso. O que tinha a ver com guitarra? Nada. Como conquistei esse feito? Da mesma forma: dedicando-me um nível acima ao dos meus colegas.

É a força advinda da vontade de fazer algo bem-feito, de atingir a excelência naquilo que você se compromete a fazer. O segredo é estudar, dedicar-se, pagar o preço que deve ser pago. Entre naquela área de resiliência e disciplina que outras pessoas não estão dispostas a entrar. Tudo o que eu conquistei veio da capacidade de entrar no desconforto e reinar sobre ele.

Reinar sobre o desconforto é uma das habilidades mais importantes que você pode adquirir durante a sua vida. Não acredito naquele negócio de fazer o que ama, seguir sua paixão. Você deve aprender a gostar do que faz, porque a vida vai colocá-lo em muitos papéis diferentes, e você não terá controle sobre todos eles. Aquela ilusão de que você não tem sucesso porque não encontrou o que ama é apenas isso: uma ilusão. Você não encontrou sucesso porque ainda não se dedicou da forma correta ao que deve ser feito.

O imortal filósofo alemão Friedrich Nietzsche escreveu: "Nossa vaidade, nosso amor-próprio, fomenta a adoração do gênio, pois ele só não fere se pensarmos nele como muito distante de nós mesmos, como um milagre" (Nietzsche, 2016, p. 286). O objetivo de Nietzsche é claro: atribuir responsabilidade, alertar da inércia do pensamento e colocar sobre os nossos ombros o peso dos nossos próprios fracassos.

Angela Duckworth, professora de psicologia na Universidade da Pensilvânia e MacArthur Fellow, estudou a fundo o tema da resiliência, paixão e talento no incrível livro *Garra. O poder da paixão e da perserverança*. A autora inclusive modelou, matematicamente, como alcançar grandes feitos:

$$Talento \times Esforço = Habilidade$$
$$Habilidade \times Esforço = Realização$$
Ou:
$$Talento \times Esforço^2 = Realização$$

Corredor da incerteza

A qualidade principal, compartilhada pelos grandes investidores, é a habilidade de encarar novos desafios apesar das incertezas. Eles começam, sem ficar racionalizando tudo. Levantam e fazem. É isso. Eles começam a andar pelo corredor escuro, cheio de incertezas, mas, à medida que vão andando, vão encontrando portas novas que não teriam encontrado caso não tivessem entrado no corredor. Você não consegue ver as oportunidades antes. Por isso, esperar as condições ideais é uma grande ilusão.

Você só vai encontrar as condições ideais quando começar, sem saber as condições ideais. É paradoxal, entende? Você nunca saberá de antemão.

Esse é o tipo de atitude que eu sempre adoto. Talvez seja por influência do meu pai. Temos negócios da família e, certa vez, em meio a uma crise na qual tínhamos nos alavancado muito, entrei em um estado de agonia e fui falar com ele. Meu pai foi um dos maiores operadores institucionais de opções do Brasil. Constatei as minhas preocupações, e ele me afirmou que a diferença existente entre nós era que eu ainda não havia me acostumado a viver sob a pressão da incerteza. Esse corredor é de suma importância, mesmo no meu cotidiano. Lembre-se disto: quando for fazer um negócio novo, ele será tudo, exceto aquilo que você imaginava. Quando não ficamos imaginando o que terá por trás da porta, antes de abri-la, não criamos expectativas bobas e não perdemos oportunidades diferentes que possam surgir.

"A maioria dos homens míngua e flui em miséria entre o medo da morte e as dificuldades da vida; eles não estão dispostos a viver, e ainda não sabem como morrer." Esse trecho foi extraído diretamente de uma carta escrita por Sêneca ao seu amigo, Lucílio. Sêneca foi um dos grandes pensadores que habitaram o planeta Terra. A mensagem elaborada pelo pensador carrega a ideia de que o nosso espírito deve ser forte, mas devemos estar sempre em harmonia com tudo ao nosso redor. É como dizia o meu mestre nas artes marciais: "duros por dentro e suaves por fora, e nunca ao contrário!".

Nascido entre os filósofos da Grécia Antiga, o estoicismo é uma corrente de pensamento que encontra inúmeras similaridades na filosofia budista e é incrivelmente importante na gestão de investimentos. Para quem acompanha as cartas que publicamos mensalmente na AXIOM, já conhece a minha vontade de integrar o assunto "investimento" ao local de onde jamais deveria ter saído: dentro de nós.

Não devemos temer a dúvida, mas aprender a viver imersos na incerteza. Não tema a incerteza dos ativos da sua carteira no curto prazo, pois essas mesmas variações que apavoram e disparam o gatilho da fuga são cruciais para o nosso sucesso como investidores. Veja, estar em harmonia não deve ser confundido com complacência. Significa o maior ato de coragem. *Respice post te. Hominem te esse memento. Memento mori*! (Olhe para trás. Lembre-se de que você é mortal. Lembre-se de que você deve morrer!). Essa frase era repetida por servos, na Roma Antiga, aos generais vitoriosos que retornavam triunfantes, com desfiles arrebatadores.

Memento mori é um convite sensacional à reflexão da vida. Refletirmos sobre nossa origem, nosso destino e tudo o que criamos no meio-tempo. Esse ato deveria ser suficiente para nos inundar com coragem e permitir que déssemos os primeiros passos, adentrando os corredores da incerteza da vida — onde novas portas surgem unicamente pelo fato de aceitarmos a incerteza. Marco Aurélio, um dos maiores líderes estoicistas e imperador de Roma, disse: "Não aja como se você fosse viver 10.000 anos".

Sua vida é agora. Só conseguimos viver, realmente, no presente. Não se prenda às experiências passadas ou ansiedades futuras, pois são elas as nossas maiores fontes de dor. Mantenha-se no presente e conseguirá encontrar a força e determinação para continuar seguindo em frente, apesar das adversidades — ou até mesmo por causa delas. O problema é que, quando nos prendemos ao passado ou futuro, queremos somente o resultado dos nossos sonhos e não apreciarmos o processo que temos que vivenciar para chegarmos até lá. É o caso daquele que sonha em ser escritor, mas não quer realmente passar pelo processo de escrever o livro. Ele quer somente tê-lo escrito. Ou o investidor que não quer investir, mas quer ser rico.

Caminho da menor resistência

Tendemos a poupar energia, automatizando certos comportamentos, escolhendo alternativas mais simples. É natural, mas, às vezes, devemos combater esse mecanismo de sobrevivência, pois, atualmente, mais nos prejudica do que nos ajuda. Devemos estar dispostos a pagar o preço, se quisermos fazer algo verdadeiramente relevante. Conscientemente escolher o caminho mais difícil gera uma disciplina interna, reforçando o hábito da coragem.

O nosso hábito de tomar o caminho mais fácil, de menor resistência, deve ser vencido, para entrarmos no corredor da incerteza. Fazendo isso várias vezes, transformamos a coragem em um hábito. A melhor forma de destruir o medo é fazendo aquilo que o desperta. Se você não faz, ou procrastina, o medo aumenta. É como explicou Sidarta Gautama: o que você pensa você se torna. Se ficarmos pensando que temos que fazer tal coisa, senão vamos nos dar mal, seremos consumidos por esse pensamento.

Rodion Romanovich Raskolnikov, um dos nomes mais marcantes da literatura moderna, exemplifica bem isso. *Crime e Castigo*, livro de origem do personagem, publicado por Fiódor Dostoiévski, em 1866, narra a história do crime cometido por Rodion, um ex-estudante que vive na miséria em Pittsburgh.

Rodion precisou largar os seus estudos, em consequência das dificuldades financeiras que enfrentava. Embora acreditasse que estava destinado a ter muito sucesso e mudar o mundo, o personagem se encontra em tamanha miséria que se torna impedido de atingir o seu potencial.

Ele decide pedir ajuda a uma senhora, que lhe empresta — a juros altíssimos, vale ressaltar — uma quantia determinada de dinheiro. Enquanto isso, ele presencia os maus-tratos da senhora à irmã mais nova dela e se convence de que ela é detentora de um péssimo caráter e, portanto, merecedora da morte.

Rodion, convicto de seu julgamento moral acerca da velha, decide assassiná-la, colocando o leitor em uma gaiola moral, cercado por apenas uma questão: o assassinato de uma pessoa seria moralmente errado se o objetivo para tal fosse nobre? O personagem julga que o assassinato da senhora, de modo a conseguir os meios para atingir o seu potencial, seja moralmente aceitável.

Ele premedita o assassinato da velha e o executa. Entretanto, a irmã mais nova da senhora chega à cena do crime no momento do ato, e Rodion se vê obrigado a matá-la a machadadas. De novo: não pegue atalhos. Exerça a humildade e paciência.

Temos que nos livrar da sensação de que não temos lugar na sociedade porque não estamos prontos para enfrentá-la. Não temos lugar por acreditarmos piamente estar um passo adiante dos demais.

Acreditamos mesmo que sabemos como o mundo deveria se portar? Essa ilusão alimenta a narrativa de que o nosso sucesso é inalcançável devido à inconsistência da sociedade em que vivemos. No pensamento de Rodion: "sim, eu nasci para alcançar grandes feitos, mas o mundo não está pronto para isso". Vemos a arrogância permear a arquitetura mental do indivíduo, levando-o a racionalizar atos equivocados e desviar-se do seu propósito.

A dica? Não o faça. Tome o caminho mais longo. É chato? Sim. Cansativo? Com certeza. Mas, no final do dia, terá a convicção de que fez tudo o que podia para atingir os seus objetivos sem se desviar dos seus princípios morais e éticos. Devemos abraçar, de forma libertadora, a nossa miudeza. Assim, enxergamos a beleza do universo. Caso contrário, o destino será o de um constante zumbido no ouvido, uma punição psicológica interminável, que sempre chega no momento em que deitamos a cabeça ao travesseiro. Nada é mais libertador do que permitir-se ser culpado. Da mesma forma, nada é mais enclausurador do que obrigar-se à liberdade.

Gosto de lembrar de uma história do Sadhguru para nunca esquecer da minha insignificância. No livro *Midnights with the mystic*, ele diz:

> Sabe quando você observa um rio à sua margem e vê aqueles pequeninos insetos voando rasantes à água [que] é quase impossível não pensar: Tão frágeis, uma existência tão breve... Nascem, voam, com sorte por alguns segundos e depois simplesmente morrem. Saiba que o rio pensa o mesmo de você.

Técnicas de aprendizado

Sempre nos mantermos no caminho do aprendizado, buscando aprimoramento das nossas habilidades e desenvolvimento pessoal não é uma tarefa fácil. Em seu livro *Aprendendo a aprender*, Barbara Oakley discute muitas técnicas interessantes para otimizar o seu processo de aprendizagem e retenção de informações. Juntei as três técnicas que aplico no meu dia a dia para compartilhar com vocês. Aconselho utilizá-las para estudarem os conceitos que serão abordados na parte de investimentos deste livro.

PENSAMENTO FOCADO E DIFUSO

O nosso cérebro tem dois modos de pensar: o focado e o difuso. O pensamento focado ativamente concentra a nossa atenção no entendimento do material estudado, enquanto o difuso é um estado de repouso neural, no qual a consolidação ocorre. É no estado difuso que a informação realmente se acomoda no nosso cérebro.

No modo difuso, as conexões entre pedaços de informação e insights inesperados podem ocorrer. Por isso, tirar um tempo entre os estudos para relaxar ou focar em outra atividade é essencial. Alguns usam a técnica Pomodoro, outros simplesmente descansam quando acham necessário. Eu gosto de descansar resolvendo o cubo mágico, que me permite focar em outra coisa que me estimula e entretém ao mesmo tempo.

Ou seja, toda vez que você aprende algo novo, seu cérebro precisa de um tempo para aquela poeira baixar e você aprender. É como em cálculo: você aprende as técnicas de integração, por exemplo, mas não consegue solucionar os problemas logo em seguida. Dê um tempo, volte a pensar nisso e, provavelmente, conseguirá fazer. Você deixa seu cérebro trabalhando no piloto automático para você.

CHUNKING

Chunking é o processo da criação de um padrão neural que pode ser reativado quando necessário. Para desenvolver excelência em qualquer coisa, você deve cultivar essa biblioteca mental de habilidades.

A prática traz fluência na hora de aplicar procedimentos e conhecimentos. Os *chunks* se constroem e vão agregando cada vez mais conhecimentos, até a rede neural se consolidar e sua competência aumentar cada vez mais.

No cubo mágico, por exemplo, existem os *chunks*: pedaços para resolver a base, o meio e os lados. O interessante é que o processo de resolução do cubo espelha exatamente o processo de aprendizagem: você aprende, fica com raiva, para. Quando você volta, está tudo mais claro; então, você aprende a porcionar o seu aprendizado. Eu aprendi a montá-lo com bastante calma, fazendo cada parte em uma semana.

SECOND SKILLING

O *second skilling* consiste na capacidade de utilizar suas habilidades já aprimoradas para aprender novas habilidades diferentes. É como se preparar para um novo trabalho, enquanto ainda trabalha no seu escritório, sabe?

Um exemplo muito bom disso é a história do músico que resolveu se tornar médico. Formado em Julliard, ele começou a tocar em hospitais de câncer e percebeu que se interessava muito pela medicina. Ele acabou se formando nessa área e possui um diferencial muito interessante dos demais alunos de sua turma: a ausculta com estetoscópio dele é diferenciada, por causa do histórico com música. Ou seja, você está desenvolvendo uma segunda habilidade utilizando a primeira como lastro.

Não está nos livros de finanças

Sempre advoguei a favor do aprendizado de finanças por meio de livros de ficção, história, romances, filosofia etc. O aprendizado está em todo lugar, não só nos manuais de "como ficar milionário", "como investir como Buffett", e outros tantos desses que repetem as mesmas informações com palavras diferentes. Aprendi mais lendo *A Odisseia*, de Homero, do que com qualquer livro de economia.

A história conta sobre a jornada de Ulisses de volta para Ítaca, onde ocupa seu lugar merecido, como rei. Durante a viagem de volta, nosso herói se depara com milhares de obstáculos, deve fazer inúmeros sacrifícios e se mantém determinado a chegar em casa, porque possui um objetivo claro em mente: passar pelo menos mais um dia de sua vida ao lado de sua família.

O principal aprendizado que extraí do livro é precisamente este: o grande porquê da nossa vida é o que importa. E este não será composto por coisas, mas por sensações inerentemente humanas, como o amor. Poder e dinheiro, portanto, não têm lugar, pois os propósitos não são materiais. Um livro escrito há mais de 3 mil anos continha tudo o que precisamos saber hoje. Fascinante, não é? Estamos rodando atrás do próprio rabo, afinal de contas. Caçamos incansavelmente pelo grande tesouro ao final da jornada, mas este é sempre a própria vida. Como nos versos do poeta espanhol Antonio Machado: "Caminhante, não há caminho. O caminho se faz ao andar, ao andar se faz o caminho".

Cada aventura relatada no poema épico de Homero me agregou uma lição que posso aplicar nos meus investimentos. Essa é a parte mais curiosa: em um livro que não tem nada a ver com finanças, percebi lições valiosíssimas que podem ser aplicadas nessa esfera da minha vida. Essas descobertas fazem parte do processo de aprendizagem constante, do autodidatismo, da manutenção da sua curiosidade. Você nunca sabe quais neurônios vão estabelecer conexões com os novos aprendizados que você angariar.

Nove Lições da *Odisseia*

1. A negatividade acumula-se como juros compostos. Ela vai se retroalimentando e se construindo até ficar grande demais para caber em nós mesmos; e é aí que chegamos ao ponto de ruptura. Não podemos nos deixar chegar a esse ponto. Por isso, trabalhar questões emocionais e a nossa mentalidade, bem como praticar a meditação, é tão importante. Não polua seu dia com notícias negativas sobre investimentos e saiba sempre distinguir entre ruído e sinal para manter sua paz de espírito.
2. Não devemos tentar o destino. Mantenha a positividade e tenha confiança na sua estratégia, mas não deixe de se preparar para o pior cenário possível. A realidade é que existem fatores que não dependem de você e quase nada funciona da forma como previmos ou antecipamos. Maneje suas expectativas e mantenha uma visão realista, para que esteja sempre preparado para enfrentar adversidades e imprevistos.
3. Esteja sempre pronto para tomar decisões difíceis. Muitas vezes, para conquistarmos nossos objetivos, devemos fazer sacrifícios e enfrentar turbulências. Para assistir ao nascer do sol, do pico da montanha, você primeiro deve passar a noite escalando-a.

4. Sempre será necessário sacrificar o agora pelo amanhã. É assim que construímos disciplina e resiliência e conseguimos nos manter no caminho certo para alcançar os nossos sonhos.
5. As histórias importam! Em todas há um aprendizado, uma lição, algo a se extrair que pode ser aplicado na nossa vida.
6. Escute aqueles que vieram antes e já trilharam caminhos parecidos. Aprenda com as experiências e os fracassos dos outros, e seu caminho até o sucesso será atravessado mais facilmente.
7. Lealdade, sempre — principalmente consigo mesmo. Mantenha-se fiel aos seus princípios, respeite e honre aqueles que o ajudaram no começo e mantenha-se leal ao seu propósito.
8. O hedonismo é sempre vazio, pois o prazer dorme com a dor. Não viva em função do prazer, viva em função da felicidade.
9. O orgulho vem sempre antes da queda. Pratique humildade, principalmente depois das vitórias. Reconheça que você não sabe de tudo e que a ganância é uma força destrutiva.

No fim, todos cometemos enganos e deixaremos os deuses enfurecidos — mas falhar é fundamental. Não podemos desistir da jornada e podemos sempre buscar a aprimoração das nossas habilidades e mentalidade, ao longo do caminho. A busca pelo nosso propósito, no fim das contas, é o propósito em si.

Macbeth e o investidor: o perigo do retorno pelo retorno

A AXIOM se baseia em três pilares centrais para o manejo do capital. Nós buscamos, por meio deles, trazer uma verdadeira transformação para o estilo de vida e para a mentalidade daqueles que investem conosco. Primeiramente, buscamos identificar os propósitos que motivam o investidor. Então, elaboramos um plano e, depois, colocamos esse plano em prática.

Com objetivos claros, conseguimos nos aproximar daquilo que queremos nos tornar. O mais importante nessa etapa é perceber que o dinheiro não é um objetivo — mas um instrumento para alcançar os nossos sonhos e propósitos. Aquele que tem o dinheiro e o enriquecimento como propósito de vida simplesmente ainda não encontrou seu verdadeiro objetivo.

Mantendo o foco no longo prazo e na construção do estilo de vida que quer ter, você encontrará mais facilmente a determinação para seguir em frente e ultrapassar os empecilhos e as dificuldades que surgirão ao longo da sua jornada como investidor. Será menos provável que você caia nas armadilhas do mercado, como as estratégias milagrosas para multiplicação do capital.

Sempre reflito sobre o que vou pensar quando estiver no meu leito de morte. Não vemos pessoas que queriam ter tido mais dinheiro, vemos o desejo de ter passado mais tempo com os filhos, viajado mais, lido mais livros, aprendido mais coisas. Não é só o retorno que importa. A grande chave por trás da mentalidade dos investidores bem-sucedidos é que a maioria não estava focada somente no acúmulo de patrimônio. O foco não era "ficar rico", era utilizar a riqueza como instrumento para alcançar outros objetivos.

É como a ambição em *Macbeth*, de Shakespeare: o foco no poder pelo poder e no dinheiro pelo dinheiro é extremamente nocivo. Mesmo há 400 anos, já era claro que o ser humano fica perdido sem um propósito e, então, desviar-se do caminho das virtudes torna-se muito mais fácil. Com a morte de Macbeth, aprendemos a não deixar a tentação, o desejo e a ganância pelo poder turvarem a nossa mentalidade e nossas decisões.

Foque na jornada, no processo, na construção do seu conhecimento e da sua identidade, e sua trajetória será muito mais gratificante e completa. Não devemos deixar o ego nos levar para o caminho da ambição excessiva, da privação, da restrição. A vida é composta por muito mais do que somente os números da sua conta bancária. Permita-se vivenciar novas experiências, realizar seus sonhos, viver intensamente! Busque deixar o ego de lado, para aproveitar todas as oportunidades que são lançadas em seu caminho, otimizando a sua jornada até os seus objetivos, angariando experiências que podemos viver e rememorar, com gratidão e alegria.

O limite não existe

O fato é que somos capazes de qualquer coisa. A limitação que nos impomos e a dependência que criamos na noção de talento são nossos maiores problemas. Quando iniciei minha carreira como músico, vivia e respirava música. De súbito, quando precisamos gravar um disco, disseram-nos que teríamos que escrever a partitura no computador para gravar em cima do metrônomo.

Ninguém sabia fazer isso. Tomei a responsabilidade de aprender essa nova habilidade e escrevi as partituras, para fazermos a gravação. Isso me deu a capacidade de escrever música de outra forma.

Depois de gravarmos a música, queríamos uma qualidade melhor para o som. Pegamos CDs que possuíam a qualidade que queríamos e mandamos vários e-mails para pessoas que produziram aqueles discos. Um deles respondeu. Queria gravar conosco. Mandamos um convite para ele assistir ao nosso show em Los Angeles.

Conhecemos o produtor e gravamos o nosso segundo disco. Quando fomos gravar o nosso terceiro álbum, já tinha aprendido a fazer o som que queríamos, observando o antigo profissional, e eu mesmo fiz o trabalho.

Percebe a importância de estar sempre aprendendo? A maior parte das limitações que nos impomos só está lá porque não tentamos o suficiente, não nos dedicamos àquele aprendizado. Não dependa do talento inato, pois será um desperdício da sua capacidade de aprendizagem e neuroplasticidade.

FINALMENTE, INVESTIMENTOS

Menos é mais. O processo de investimento deve ser mais importante que os resultados
Ben Carlson

Lifestyle Investments

Mudança de hábitos (sim, de novo).

Vou compartilhar um segredo com vocês: uma simples mudança de hábito pode ajudá-lo a atingir seus objetivos financeiros e ser bem-sucedido (seja lá qual for a sua definição para esse termo). Pense comigo: você comprou ingressos para o teatro, mas, no dia do espetáculo, começou uma tempestade tão horrorosa que ficou perigoso sair de casa. Você mora longe do teatro e seu companheiro já não quer mais ir por causa da chuva. Você não vai decidir ir ao teatro e arriscar um acidente na chuva porque já gastou o dinheiro com os ingressos, vai? Não podemos tomar decisões pensando em dinheiro já gasto.

Veja bem, você já gastou o dinheiro, de qualquer forma. Não vai ter reembolso e ninguém precisa ficar se remoendo por causa disso. É a construção do seu jardim zen de investimentos. Os monges budistas passam dias, semanas, meses construindo um jardim zen de areia e, quando terminam, destroem-no. Logo quando seu ego se apegaria àquele jardim, você o apaga. Isso é um exercício de desapego, para impedir a dominação do ego. É o cara que comprou uma ação e, porque já gastou aquele dinheiro, não consegue vendê-la. Vê o valor da ação cair, cada vez mais; já sabe que não é mais um bom negócio, mas seu ego o impede de resolver a situação, pois se recusa a "perder dinheiro". O equivalente ao jardim zen, nos investimentos, seria a incorporação do *constant mix* na sua carteira.

Outro hábito que devemos incorporar, junto ao desapego, é a substituição de hábitos como compras e apostas por investimentos. Incorpore o investimento na sua rotina, como se fosse uma ida ao shopping ou um acesso à plataforma de apostas em jogos de futebol. Será um hábito muito mais lucrativo e saudável e, com o tempo, proporcionará o mesmo nível de satisfação que os anteriores.

O que é o *lifestyle investment*?

Lifestyle investment (investimento estilo de vida) é uma filosofia de investimentos que adequa seu portfólio e sua carteira ao estilo de vida que você quer ter, no futuro, e a seus objetivos presentes. Porque acredito que diferentes objetivos, temas, histórias e estilos de vida requerem carteiras diferentes, na elaboração de uma estratégia particular para cada investidor que atenda às suas necessidades e seus desejos. Ou seja, aqueles "macetes de mercado" ou "guia das melhores ações" de nada servem para nós.

O *lifestyle investment* combate as fórmulas mágicas do mercado ou o antigo pensamento de que você deve "cortar o cafezinho" para investir mais. Não partimos da premissa de quanto você vai investir, partimos de onde você quer chegar para, então, definirmos quanto você deve investir para chegar lá. Tendo os seus objetivos em mente, você será mais determinado e buscará melhores investimentos, minimizando suas chances de cair em golpes de mercado e estratégias "milagrosas" para a multiplicação do seu capital.

Ao invés de olhar para o passado e tentar determinar o que deu certo, para replicar no presente, as carteiras que seguem a filosofia do *lifestyle investment* olham para o futuro que você quer ter para construí-lo utilizando as melhores ferramentas presentes no mercado. O conceito é um tanto simples: em qual situação estamos agora? Qual é o melhor investimento para esse cenário? Utilizando esse método, basta entender os ciclos econômicos e seus mecanismos básicos para saber quando e onde investir. Não precisa de *stock picking*, nem de *valuation*, nem daquelas milhares de técnicas e macetes que tentam prever o futuro, com base no passado.

Para a gestão de carteiras, penso sempre em probabilidades. O futuro é impermeável, e o sistema financeiro está constantemente se retroalimentando, de modo que é impossível conhecer todas as variáveis. Tentar prever o mercado é inútil. Existem modelos matemáticos que tentam recriar os movimentos de mercado por processos de difusão, fazendo movimentos para cada ativo um milhão de vezes, até chegar no processo de difusão final e em uma análise da curva de probabilidade. Se você quer tentar prever o mercado, essa é a única forma de fazê-lo, pois, na probabilidade, nada é uma certeza. Ou seja, você não tem um resultado fixo, mas um conjunto de possibilidades que permite que você trabalhe da melhor maneira dentro desses limites.

Os três grandes tipos de carteira

Se você já investe, ou já pesquisou sobre o assunto, com certeza deparou-se com aquela clássica análise de perfil de investidor. Você é conservador, moderado ou agressivo? Eu vim lhe falar para esquecer essa história toda. Não faz sentido você definir se é moderado ou conservador, foguete ou avião, verde ou vermelho.

Vamos imaginar a seguinte situação: você planeja se aposentar com um rendimento mensal de R$ 20 mil. Uma carteira rende, ao ano, um cupom de 4% em média. Você precisa, então, de R$ 6 milhões investidos em valor presente, no momento da aposentadoria, para viver com a renda que objetiva. Vamos supor que você já tem 2 milhões investidos; então, precisa acumular 4 milhões e tem 25 anos para fazê-lo. Concorda que não cabe a você definir seu "perfil de investidor"? Seus objetivos o fizeram por você. Com essa meta, não tem como ser nada além de "agressivo", pois você precisa de uma rentabilidade que transforme R$ 2 milhões em R$ 6 milhões; uma carteira que renda mais ou menos 9% ao ano. A coisa mais arriscada que você poderia fazer nesse cenário é decidir ser conservador.

Existem, a meu ver, três grandes tipos de carteira, definidas com base nos objetivos do investidor. A primeira é aquela do investidor que visa manter a estabilidade do seu principal. É o cara que não quer ver o dinheiro desvalorizar, mas não foca em uma rentabilidade acentuada. Quer ficar estável. Qual é o cuidado que esse investidor deve tomar? O de não cair na ilusão monetária. A ilusão monetária é uma armadilha para muitos investidores que só querem evitar a desvalorização do seu patrimônio e ocorre quando o dinheiro está rendendo menos que a inflação, mas ainda está crescendo. Ou seja, se você só olhar para o crescimento do valor investido, sem considerar a inflação, pode estar perdendo dinheiro sem perceber.

A segunda carteira pertence ao indivíduo que visa à apreciação do seu capital. É aquele que quer ficar vendo o dinheiro render, acumular no efeito bola de neve. Não está preocupado em fazer retiradas ou viver com o dinheiro que tem investido, só quer adicionar cada vez mais patrimônio ao seu bolo. Esse investidor observa muito a marcação a mercado (*mark to market*), pois a sua rentabilidade deve, necessariamente, estar acima da inflação. Para quem não sabe, a marcação a mercado é a atualização diária do preço dos ativos de renda fixa ou das cotas de fundo de investimento. Deve-se evitar a armadilha de obsessivamente verificar a marcação a mercado, pois ela traz ansiedade e leva o investidor a fazer escolhas que podem afetar negativamente o seu patrimônio.

Terceiramente, tem-se a carteira pertencente ao investidor que busca a geração de renda. Esse é o caso do investidor usado no exemplo anterior que quer viver dos rendimentos do dinheiro investido. Esse investidor compra ativos que geram renda recorrente e não deve se preocupar com a marcação a mercado. Normalmente, essa carteira possui muitos títulos públicos atrelados à inflação — como o híbrido de renda fixa IPCA + 3% — que pagam generosos cupons.

Embora todas as carteiras possuam seus pontos negativos, cada uma será mais favorável para um determinado conjunto de objetivos. Assim, o mais importante, antes de começar a investir, não é ler um milhão de livros e achar que sabe tudo ou que está preparado (já adianto que ninguém sabe tudo e ninguém está verdadeiramente preparado). O mais importante é estabelecer seus objetivos, conhecer a dinâmica do mercado e entender a marcação a mercado (para evitar momentos de desespero e destruição de capital).

O que – realmente – é importante

Conhecer a dinâmica de mercado e os mecanismos nele presentes é muito mais valioso do que saber em quais ativos o Warren Buffet está investindo esse mês. Conhecer os quadrantes da economia e como eles atuam para formar ciclos é muito mais importante do que ficar *stock picking* e analisando ações uma por uma. No mundo dos investimentos é assim: todos têm resposta para tudo. Todos sabem as melhores ações, o melhor preço, quando comprar e quando vender. Mas vai procurar alguém que realmente faz o que fala e perceberá que dá para contar nos dedos das mãos.

Perguntar qual é o melhor investimento é ilógico e incoerente, portanto, qualquer resposta a essa pergunta também o será. É como se você chegasse em um farmacêutico e perguntasse qual é o melhor produto da farmácia. Aí o farmacêutico, que sofre de gases todos os dias, recomenda um remédio para dores na barriga, pois é o que ele mais utiliza e funciona muito bem para ele (logo, deve ser o melhor que eles têm para oferecer). Entretanto, a sua dor não é na barriga, mas na cabeça. Está vendo onde quero chegar? Todo investimento tem validade, todos servem algum propósito. Não tem certo nem errado, mas tem certo ou errado para você. Ser um bom investidor não é antecipar quedas e subidas, saber quando o mercado vai de *bear* para *bull*, ou descobrir empresas superdesvalorizadas que vão subir em pouco tempo. Ser um bom investidor é saber quais ativos funcionam para você e saber manejar sua carteira de acordo com um bom panorama e entendimento geral do funcionamento do mercado.

Já percebeu que ser investidor cobre um "job social"? Aquela boa e velha conversa de bar é uma das atividades que fazem alguns investidores se sentirem melhor perante os outros, enquanto compartilham suas experiências (ou mentem sobre os seus resultados). As pessoas discutem muito e de nada vale aquela conversa depois de três cervejas na mesa do bar na Faria Lima. De nada vale ouvir os *stock pickers* fajutos, que recomendam uma ação pois "vai subir muito" e os "lucros serão absurdos". Muito menos aquele que fica falando que escolheu uma ação que subiu 200% mas não explicita que, na carteira dele, aqueles 200% representam apenas 0,1% de aumento real.

Você tem tempo para fazer análise de cada uma das ações nas quais tem interesse em investir? Vamos olhar da seguinte maneira: para o Warren Buffet, é muito importante fazer o *valuation* das ações, pois ele é um investidor institucional e sua carreira é fundamentada nisso. Entretanto, para um investidor comum, basta comprar um fundo gerido pela empresa do Buffet e isso está resolvido. Ele fez o *stock picking* por você.

Mas, então, como se analisam ações? Muitas pessoas analisam com base no fluxo de caixa, incluindo inúmeras premissas e suposições (acho que a receita crescerá x, a alavancagem será y), assumidas como certas, trazendo o fluxo de caixa a valor presente, e incluindo uma taxa de juros (WACC — Custo de Capital Ponderado). Assim, chegam no preço adequado para se comprar aquela empresa. Pessoalmente, acho isso uma perda de tempo. Assumir que as premissas são verdadeiras carrega uma sensibilidade enorme, expondo o investidor a muitas variáveis. Como você define se é para comprar ou não? Penso que é melhor não ter um mapa do que ter um mapa errado. Faz mais sentido investir o risco onde ele existe naturalmente. Ele não está na taxa de juros. A natureza do risco está na probabilidade de dispersão das receitas e dos custos.

A física do problema

Aqui vai uma das lições mais importantes que eu aprendi durante a minha vida e uma das muitas ensinadas pelo meu sócio na AXIOM, André Maialy. Espero que você, lendo estas palavras, possa deixar que esse modo de encarar as coisas faça parte do seu ferramental para solucionar problemas e superar obstáculos.

Antes de tudo, devemos conhecer profundamente o problema que queremos resolver. Temos que esmiuçá-lo e autopsiá-lo, para que a sua natureza floresça de suas partes. Não tente utilizar fórmulas prontas para resolver situações particulares. Quando você decide se tornar um investidor, qual é o problema principal que você está tentando resolver? A verdade é que o ato de se tornar um investidor é uma atividade subsequente à identificação de uma situação que você quer (ou precisa) solucionar — e não o contrário. Investir como resposta à vontade de ficar rico o levará ao oposto. O acúmulo de riqueza deve estar conectado a um propósito; dessa forma, os ativos que deverão compor seu portfólio saltarão aos seus olhos, pois cada um deles possui características únicas e comportamentos específicos que reagem com o passar do tempo. O ponto é: escolha a ferramenta correta para a tarefa. Não é porque você tem um serrote na mão que sairá cortando tudo. Algumas coisas não devem ser cortadas.

Uma ótima forma de desenvolver essa capacidade é aprender programação. Tarefas extremamente simples e automáticas tornam-se bastante complexas quando você precisa ensinar o computador a executá-la. Imagine que você gostaria de escrever um programa que some os primeiros cinco números primos. Não tenho dúvidas de que você é capaz de fazê-lo agora mesmo, de cabeça. No entanto, para fazer com que o computador execute a soma, é necessário que você ensine cada etapa e conceito a ele. O computador não sabe o que são números primos, não sabe o que é somar e nem saberá parar no quinto elemento.

Percebe a complexidade? Primeiro você deverá escrever a lógica de programação para a identificação dos números primos. Mas, espere, o que são números primos? Por que eles seguem essa sequência? Apenas conhecendo a natureza do problema, você conseguirá sobrepor o desafio.

Na próxima vez que você escutar que deve investir no ativo x ou não investir no ativo y, disseque, antes, o problema. Use a lógica de programação. Como na frase atribuída a Einstein: "Se você não consegue explicar para uma criança de seis anos, você mesmo não entendeu".

O que é risco?

Existem as coisas que você sabe, as que você não sabe,
e as que você não sabe que não sabe.
Nessas últimas, se encontra a origem do risco.
Donald Rumsfeld

O título da seção é uma pergunta que confunde até os investidores mais experientes. A realidade é que muitos confundem os conceitos de risco, incerteza e perda de capital. Vamos esclarecer isso de uma vez por todas: o risco é percebido como a variação de preço no mercado (volatilidade). Entretanto, isso não poderia ser chamado de risco, já que a renda é variável, e a volatilidade faz parte da essência do ativo. Essa volatilidade nada mais é do que a incerteza, que existe sempre. Por causa dessa incerteza, lidamos com probabilidades. Inserimos a incerteza no portfólio do investidor através da volatilidade.

No curto prazo, o retorno é irrelevante. Se você quer simular uma dinâmica de uma ação, é irrelevante o retorno esperado daquele ativo. Por quê? É simples: o retorno tem uma característica exponencial e demora um tempo para pegar tração. Agora, a volatilidade é muito importante no curto prazo. Daí que vem aquela ideia empírica de investir para o longo prazo. O correto, para a avaliação de investimento, são modelos de simulação que estimam bem a volatilidade — pouco importa o retorno.

Quem não está inserido no mercado, ou aqueles muito inexperientes, percebem o risco como a perda permanente de capital. Entretanto, a perda permanente de capital é, muitas vezes, completamente evitável. A maior parte dos investidores perde capital permanentemente, pois se assustam com a volatilidade, confundindo-a com perda, vendem seus ativos e sofrem perdas permanentes.

O risco é aquilo que tentamos diminuir com a diversificação. Ele deve ser inserido na receita e na despesa, não na taxa de juros. São coisas pétreas que aprendemos em finanças e esquecemos de verificar se realmente fazem sentido. Colocar o risco fora da natureza é um erro grave. Lembra-se das suas aulas de física lá do ensino médio? O risco é o desvio padrão da estatística (que é a raiz quadrada da variância). É uma medida de dispersão da média dos retornos à capacidade de variação dos retornos do ativo. Por isso, o costume de combinar vários ativos diminui a volatilidade e o risco total da carteira.

A lógica da diversificação veio da física também, lá da soma de vetores. Imagine que tem um vetor para a direita e outro mais em cima também para a direita. Quando os dois vetores são somados, você tem o aumento de força. Entretanto, quando você soma dois vetores que estão para lados opostos, você consegue a diminuição daquela força. O cosseno da física é a correlação da estatística. Essa força é justamente o risco da carteira. Trata-se, portanto, de uma relação não linear e é justamente a correlação entre os retornos dos ativos que insere tal não linearidade. Pegou a sacada? Quando você possui forças opostas (ativos diversificados), seu cosseno (a correlação entre eles) é negativo e, então, sua volatilidade e seu risco diminuem. A não linearidade é o que gera a diversificação.

Para percebermos essa correlação negativa é simples: veja que, quando um ativo sobe, o outro geralmente cai. Ambos os ativos têm retornos positivos, mas em momentos diferentes. Por isso, eu sempre digo: o último grande almoço grátis do mercado financeiro é combinar ativos que tenham correlação negativa e prêmio de risco. Afinal, se você está empurrando uma caixa ladeira abaixo, precisa fazer muito menos força e o cosseno é a inclinação que você tem para empurrar a caixa.

Essa diversificação dos investimentos é chamada de *constant mix* (mix constante) e é a forma mais eficaz de gestão patrimonial. O *constant mix* se pauta na diversificação para a diminuição de riscos e da volatilidade da sua carteira, e o gestor pessoa física pode se apropriar muito bem desse modelo, utilizado pelas maiores gestoras mundiais. Quando um ativo sobe muito, outro ativo é diluído, correto?

No *constant mix*, você compra mais do ativo que foi diluído para rebalancear a sua carteira. Assim, você absorve os ganhos (tirando os ganhos extras do risco), aumenta o seu bolo e volta para o padrão inicial. O que o *constant mix* oferece é uma regra, um pragmatismo, que evita que você fique no "será que vai subir mais?" ou "será que devo vender agora?". Isso reduz a ansiedade e minimiza as chances de você experimentar uma perda de capital permanente por causa de medo ou precipitação.

O futuro é impermeável. É verdadeiramente impossível saber o que vai acontecer. Assim, uma regra pragmática e uma boa dose de disciplina são libertadoras para os investidores, que se livram da ansiedade e mantêm um bom funcionamento da carteira no longo prazo. Existe um fundamental lógico por trás da diversificação que eu gosto bastante de seguir. Funciona mais ou menos assim:

1. O investidor é, em média, uma pessoa racional;
2. Pessoas racionais não gostam de se expor a riscos desnecessários;
3. Tendo mais de uma ação, o investidor reduz o risco da carteira sem abrir mão do retorno esperado;
4. Logo, se o investidor é racional, ele tem o máximo possível de ações diferentes.

Qual é o máximo de ações diferentes possível? Todas. Mas é claro que não faz sentido investir em todas as ações disponíveis. Com quinze ações diferentes, você já tem o mesmo efeito de ter todas as ações disponíveis no mercado, expondo-se a uma parcela do portfólio global completo. Quinze ações de setores diferentes e lugares diferentes. A diversificação geográfica diminui o risco sistêmico. Ao investirmos nos Estados Unidos, por exemplo, diminuímos o risco-Brasil (risco inerente ao país no qual você investe, sendo maior em alguns lugares do que outros, por fatores políticos).

Um dos maiores defensores da importância da diversificação de carteiras é Harry Markowitz, economista americano que cunhou a teoria do portfólio. Sua teoria demonstra matematicamente que o risco de uma carteira não é dado somente pela média do risco dos ativos individuais, pois é necessário considerar também a correlação existente entre os ativos. A diversificação, portanto, viabiliza a redução do risco da carteira.

A diversificação de risco, segundo o teórico, deve ser sempre levada em conta na construção de portfólios, pois é possível construir um conjunto de portfólios, nos mais variados níveis de retorno, que sejam otimizados para a redução de risco. Na medida em que o investidor diversifica a sua carteira, selecionando ativos com correlação negativa, ele reduz o risco diversificável. O risco total, visto que mais ativos são adicionados, é reduzido.

Assumir que "esse risco estou disposto a correr" é o máximo que você pode fazer. Se você tem uma tese de investimento, necessariamente terá uma antítese. Você deve se preparar para o cenário em que a antítese ocorra e, por isso, a diversificação com ativos que possuam correlação negativa é tão importante. Você estará efetivamente se protegendo para o caso de tudo dar errado.

Mas, como nem tudo são flores, a teoria moderna de portfólio de Markowitz funciona muito bem no papel, mas infelizmente não funciona na prática. Temos que lembrar que as correlações entre os ativos são dinâmicas e não estáticas, como prevê o modelo. E é nos momentos de maior estresse de mercado que os retornos dos ativos comportam-se de maneira similar, ou seja, sua correlação/seu cosseno se aproxima de 1, aumentando o vetor em determinada direção e fazendo com que o poder da diversificação haja contra você.

Então o que fazer? A resposta não é nada trivial.

Primeiro, você tem que ter bastante clareza em seus objetivos. O grande porquê de investir. Depois, olhe para dentro, antes de buscar a resposta fora. O que determina se você é conservador ou agressivo não é seu comportamento, mas a dinâmica do seu estado.

Um exemplo deve facilitar a elucidação desse ponto. Olhemos para o caso de João, um caçador de leões com uma postura aventureira e um apetite para risco. João tem uma profissão muito instável e, portanto, seu fluxo de caixa é incerto. Se, por qualquer motivo, João perde a sua receita, ele precisará acessar seus recursos de longo prazo para financiar sua vida no curto prazo.

Imagine que os ativos do João são exclusivamente ações e o momento da sua necessidade seja no auge do lockdown da covid-19. Ele precisaria vender os seus ativos pela metade do preço e sofreria uma perda permanente de capital.

Olhamos, então, para o exemplo de Maria, uma monja tibetana que não precisa de fluxo de caixa para sobreviver. Mora no templo, bebe no riacho e planta tudo o que come. Sua reserva de longo prazo deve estar em ativo de maior exposição à volatilidade, pois há poucas chances de Maria precisar vendê-los antes da hora.

Um alto grau de endividamento impõe características necessárias ao seu portfólio. Principalmente quando o retorno dos seus ativos é inferior ao custo da sua dívida. Você estaria destruindo valor. A agressividade de Maria é conservadora, e o conservadorismo de João é agressivo.

Você, sua empresa e até os governos funcionam da mesma maneira. Controle e conheça as fragilidades do seu fluxo de caixa, depois saberá se deve ir atrás dos leões ou meditar no Tibete.

O próximo passo é entender o nível de volatilidade ao qual você precisa expor sua carteira para que, com determinado nível de probabilidade, você atinja o seu grande porquê. Como se faz isso? Aqui, na gestora, fazemos isso através de simulações matemáticas que, infelizmente, estão fora do escopo deste livro.

Em resumo, determina-se o objetivo e, através de simulações, busca-se uma combinação de risco-retorno que satisfaça, com nível de probabilidade, o prazo que foi determinado. Ninguém falou que seria fácil, né?

Lidar com distribuição de probabilidade é a forma correta de conversar com o futuro. Diferentemente do que se imagina, a matemática é muito mais do que devolver um resultado preciso. O impossível é bem diferente do improvável.

Saber que você não tem controle é libertador, dessa maneira. O controle é uma ilusão que nos faz pensar que conseguimos controlar os riscos. Não conseguimos. Podemos apenas nos proteger, da melhor forma possível, daquilo que não conseguimos controlar.

Além disso, temos o conceito extremamente importante de diversificação temporal. Supomos que você quer comprar dólar, mas não sabe se deve comprar agora ou amanhã. A resposta é simples: compre agora, amanhã, daqui um mês, dois meses. Vai comprando. Essa é a diversificação temporal, uma ferramenta muito poderosa na proteção da sua carteira. Você não sabe para onde o dólar vai e reconhece que não tem controle sobre isso; então, o ideal é ir comprando.

Importância do intervalo de confiança

No primeiro dia de faixa azul, meu professor me colocou no canto da sala, de frente para a parede e instruiu que eu treinasse defesa de soco. Fiquei lá a aula inteira. Estava tão feliz que tinha recebido a faixa que nem senti o passar do tempo.

Chegado o fim da aula, o professor perguntou se eu havia treinado. Respondi que sim, e ele, imediatamente, pegou uma raquete de treinar chute e me bateu tão forte que cortei minha orelha. Eu me perdi, fiquei desnorteado, e o professor continuou batendo. Terminei a aula sentado no chão, com a mão na cabeça.

Qual era a lição por trás disso? O treino não serviu para nada. Fiquei em um ambiente controlado, cercado de proteções e não estava aberto à vida real. Por isso eu digo que nossas expectativas devem ser altas e nossos planos ambiciosos, mas com uma ampla margem para erros.

Não será do jeito que você idealizou e, por isso, o manejo de expectativas é tão importante. Aprenda a reagir à realidade que se apresenta à sua frente. Sonhe, planeje à vontade, desde que você carregue o entendimento de que não será como você planejou. Como você lida com o abismo entre a sua expectativa e a realidade é a chave.

É como a implementação de um intervalo de confiança. Quando questionamos a probabilidade de algo ocorrer, pensamos em intervalos de confiança, porque não dá para pensar em pontos específicos. Em economia, as pessoas inverteram isso. Pensa-se na expectativa do PIB até o milésimo ponto, ao preço de compra de um ativo até 0,0001. Não se apegue a essas limitações bobas, mas se baseie em intervalos de confiança.

Mirar alto é ótimo, sabendo que tem coisas que estão fora do nosso controle e lidando sempre com a diferença entre o que você pensou e o que de fato ocorreu. Se você mirou alto e conseguiu mais, é excelente. Se conseguiu menos, já é ótimo.

Entendendo a dinâmica de mercado e os quadrantes

Tudo o que você precisa entender sobre o mercado financeiro está em um conceito-chave: a produtividade. No longo prazo, há uma grande força da produtividade que puxa os mercados. Até os ativos de risco devem performar bem, pois o mundo é movido por produtividade. Em uma linha de cem anos, por exemplo, a produtividade cresce de forma linear. Se der um zoom nessa linha, percebemos que ela passa por grandes ciclos.

Um dos maiores gestores da atualidade, Ray Dalio fala que, dados uma grande força de produtividade e pequenos e grandes ciclos econômicos, podemos ver a alocação de ativos apenas por dois prismas ou quatro quadrantes. Temos crescimento ou recessão; ou inflação ou deflação. Ou seja, podemos ter um crescimento econômico inflacionário, um crescimento deflacionário, uma recessão inflacionária ou uma recessão deflacionária. A partir disso, podemos ver quais classes de ativos performam melhor em cada uma dessas situações.

Se você entende como as classes funcionam no longo prazo e como esses quadrantes operam, você não precisa olhar ações uma por uma para determinar no que vai investir. Em um crescimento econômico sem inflação, por exemplo, o melhor ativo é a ação. Para diversificar globalmente e se livrar do risco sistêmico, escolha investimentos em um país emergente, um emergente asiático, um europeu e um americano. Dessa forma, você mitigará o risco idiossincrático e sistêmico.

Michael, da Gavekal, era um *hedge manager* de fundos *renaissance* quantitativos, e fazia o *hedge* da mesa de renda fixa de títulos da Inglaterra. Na mesa, utilizam exclusivamente o modelo dos quatro quadrantes econômicos, que foi desenvolvido pela Gavekal em 1960 e continua em vigor até hoje.

Imagine que você investiu em ações *buy and hold*, por exemplo. Você investiu nessas ações em um cenário inflacionário e se deu mal. Aí você percebe que esse tipo de investimento performa melhor no cenário deflacionário e constantemente investe dessa forma. Se você simplesmente fizer isso, quando estiver com o PIB crescendo, quando os lucros estão positivos nas empresas e a inflação de curto prazo está menos acelerada que a de longo prazo, verá a prosperidade da sua carteira ao longo dos anos.

É importante frisar que, dado o quadrante em que você se encontra, as correlações entre os ativos mudam. Conversando com colegas de trabalho, percebi que o investidor moderno tende a pensar que as correlações são estáticas. É como se estivessem presos no modelo de Markowitz.

Não me leve a mal: o modelo elaborado por Markowitz é incrível, mas houve uma evolução desde então. As correlações variam com o tempo e, dependendo do quadrante, os ativos se comportam de maneiras diferentes. Quando estamos em crescimento econômico com deflação, temos uma correlação negativa entre ações e títulos do tesouro americano. Agora, ao passarmos para um cenário de depressão com inflação, a correlação entre eles é altíssima.

Isso ocorre porque, com a inflação, a taxa de juros sobe. Se a taxa sobe, o preço do título diminui. Para as ações, a mesma coisa: os *valuations* no fluxo de caixa descontado diminuem, e os rendimentos caem, por causa da depressão.

Em recessão com inflação, por outro lado, títulos de renda fixa e ações são praticamente o mesmo ativo. No Brasil, o mesmo cenário teria, ainda, outra dinâmica! Os títulos têm um comportamento semelhante ao das ações; então, ambos desempenham bem quando há um crescimento sem inflação.

É como uma lição de física quântica: depende de como você está observando o fenômeno. Não podemos olhar friamente o ativo, como se não estivesse inserido em um contexto. O fato de você estar observando o experimento já o altera; então, conhecer a dinâmica do ambiente em que ele está inserido é crucial.

Essa dinâmica das correlações é muito importante, pois possibilita que os ativos mudem de função, de acordo com o ambiente. Este é o biomimetismo nas finanças. Um polvo, por exemplo, tem tentáculos multifuncionais. Alguns seguram objetos, outros medem temperatura da água, alguns são responsáveis por reações químicas. Os ativos são como esses tentáculos; devem ser multifuncionais. Se um ativo desempenhar somente uma função, na sua carteira, ele quebrará mais facilmente, pois não estará preparado para receber um estresse diferente, em momentos de crise.

Ok, mas em quais ativos devo investir?

Quais são as classes de ativos que performam melhor em cada cenário? As ações, por exemplo, vão bem no cenário de crescimento com inflação, embora desempenhem muito melhor em cenários de crescimento sem inflação. Isso ocorre porque a expectativa de juros é maior para evitar um sobreaquecimento da economia; então, o fluxo de caixa descontado também terá uma taxa maior e menos lucro — tornando as ações mais baratas.

Commodities, por outro lado, vão bem em momentos de inflação, assim como o ouro — pois há a redução de juros real (inflação crescendo mais rápido que o juros nominal) que leva à destruição de valor do poder de compra. O ouro mantém o poder de compra.

Em possibilidade de aumento de juros, nunca compre um título prefixado, pois os juros subirão, e — como são inversamente proporcionais — o preço do título desempenhará mal. O título público pós-fixado é o ideal para o cenário de aumento de juros e crescimento econômico.

Se você está esperando um manual prático, explicitando quais títulos comprar, em quais ações apostar e como ter uma rentabilidade muito acima do mercado, sinto muito lhe informar que não é aqui que você vai encontrar. A realidade é que todo investimento é tecnicamente bom, porque depende dos seus objetivos. Muita gente gosta de falar mal da poupança, pintá-la como o demônio das finanças, mas, se você tem um dinheiro que sabe que precisa usar mês que vem e quer investi-lo no meio tempo, o melhor lugar realmente seria a poupança. Isso porque ela evita o deságio do título do tesouro direto, evita o imposto de renda de 22,5% e o IOF. Entretanto, a partir de dois meses de investimento já não vale mais a pena investir na poupança.

Percebe como tudo está atrelado aos seus objetivos? Por isso, aqueles que insistem em copiar as carteiras dos grandes investidores, ou procuram respostas e fórmulas prontas, não conseguem ser investidores bem-sucedidos. Primeiramente, você não vai conseguir acertar o mesmo *timing* da pessoa que está copiando, porque, quando a informação chegar até você, o investidor já vai ter comprado, segurado e, provavelmente, lucrado com aquele ativo. Segundamente, vai ser sempre dependente da informação e opinião de outras pessoas para tomar decisões que só você pode tomar. Sua vida, seu mindset, seus objetivos são diferentes daqueles de quem você está copiando;

então, várias decisões deles não serão pertinentes para a sua experiência.

Então o que fazem os investidores que sabem navegar o mercado? Em primeiro lugar, eles entendem os seus objetivos intrínsecos e extrínsecos. O bem-estar intrínseco vem da constante busca pelos seus objetivos intrínsecos. Ganhar dinheiro, por exemplo, não é um objetivo intrínseco, mas as experiências que o dinheiro possibilita podem ser. Ou seja, ganhar dinheiro é um instrumento que possibilita atingirmos objetivos intrínsecos, como passar mais tempo com nossos familiares, conhecer o mundo, aprender a nadar, adquirir novos hobbies.

Para nos mantermos felizes, precisamos focar e sermos motivados por objetivos de longo prazo. A felicidade está na busca, não na chegada. É a história da banda: nós estávamos sempre buscando por algo maior, algo futuro, que nos mantivesse motivados a continuar trabalhando com foco e determinação. O foco no longo prazo combate um dos maiores males da sociedade contemporânea: o imediatismo. Esse mal nos leva a consumir as chamadas pílulas de euforia — experiências momentâneas que nos proporcionam doses imediatas de felicidade —, que podem nos enganar, induzindo-nos a pensar que estamos felizes, desde que as consumamos constantemente.

Um bom exemplo da pílula de euforia é aquela taça de sorvete com cinco bolas que você come quando fica triste. Afunda as mágoas no sorvete, seu cérebro manda alguns hormônios da felicidade para o seu cérebro (as famosas serotonina, dopamina e ocitocina), e você é enganado, pensando estar feliz. Entretanto, quando chega no fundo do pote, o seu estado de felicidade real retorna e você se vê dependente daquela experiência, da pílula de euforia, para sentir-se alegre novamente.

Outro exemplo menos convencional é o do ganhador da loteria. Alguns estudiosos chegaram à conclusão de que eventos de euforia, bem como de tristeza, duram muito menos do que imaginamos. Ganhar na Mega-Sena da Virada pode ser um grande sonho, mas pesquisadores quantificaram o tempo médio de aumento de alegria causado por tal evento: mais ou menos seis meses. Depois disso, o indivíduo retorna ao seu padrão anterior de felicidade.

Trazemos isso para o mundo dos investimentos: o foco no curto prazo é inútil. Infelizmente, devido ao efeito do desconto hiperbólico, não damos o devido valor a eventos descolados temporalmente e queremos sempre ganhos rápidos, abrindo mão dos ganhos que realmente fazem a diferença na nossa carteira. Ou seja, abrimos mão da *big picture* (do panorama geral). Não invista para ganhar dinheiro. Isso é apenas um instrumento, um objetivo extrínseco. Descubra o valor intrínseco dos seus investimentos, o que o motiva a continuar seguindo em frente e a abrir mão de prazeres momentâneos em prol da visão de longo prazo. Penso sempre em uma frase que me ajuda a manter o foco nas experiências que quero construir: os maiores desejos de pessoas que estão em seus leitos de morte nada têm a ver com objetivos extrínsecos, mas com objetivos intrínsecos. Ninguém deseja ter tido mais dinheiro, mas desejariam ter passado mais tempo com os filhos, terem lido mais livros ou aprendido a pintar.

Não é só o retorno que importa. Usamos ativos para resolver nossos problemas, mas focamos muito no retorno. Imagine que você só tenha o dedão, na mão. O dedão é muito útil, mas, sem os outros dedos, você limita muito as suas capacidades. O dedão é retorno: tem momentos que precisamos de uma reserva de valor, estabilidade de preço, coisas que vão além da rentabilidade.

O que devemos ter é a visão "de cima": não focamos somente no retorno, pois ele é só uma das árvores na floresta. Quando ampliamos a nossa visão, deixamos de olhar somente para o tronco da árvore e vamos além, olhando a floresta inteira: a montanha, o rio, os animais. Conseguimos enxergar a nossa liberdade e o caminho que trilharemos para chegar até ela.

Não é você que faz o investimento, é mais o que ele pode fazer para você. Imagine que você vai vender o seu carro e quer investir durante um ano, para dobrar o dinheiro e comprar outro carro no fim de ano. Imaginou? É impossível. Temos a tendência de achar que investimento é mágica, que vão "decifrar o mercado".

Se analisarmos a crise do Subprime de 2008 — que foi totalmente baseada em derivativos —, percebemos que ativos sintéticos geralmente dão problemas e os multifuncionais não apresentam essas mesmas limitações. Os derivativos tinham uma função puramente de alavancagem, e foi ali que tudo desandou: não eram ativos multifuncionais.

Por isso, ter uma carteira de renda fixa com ações — como são ativos maleáveis — funciona sempre. Ações podem adquirir função de proteção contra a inflação em cenários inflacionários e desempenham melhor ainda em cenários deflacionários. A renda fixa pode ser ativo de especulação, de liquidez ou de proteção; e, ainda, serve para reduzir volatilidade. Cada uma pesa no momento certo. E se contrabalanceiam, quando necessário.

Seus objetivos

Quando eu comecei minha carreira como guitarrista na Mind-Flow, o sonho da banda era tocar no Manifesto Bar, em São Paulo. Depois de muito esforço, conseguimos tocar lá na terça-feira às 18h. Atualizamos o objetivo, que se tornou tocar lá de sábado à noite. Tocamos. Depois o sonho era tocar em outra cidade; depois, em um lugar maior; depois, fora do país. Percebe o padrão? O destino final não é tão importante, porque os objetivos sempre crescem, mudam de acordo com as fases da vida. O importante mesmo é a jornada. Parece um clichê motivacional de coach quântico, mas é verdade: deve-se ter objetivos e mirar neles, sabendo que, quando você cumpri-los, eles se atualizarão. Foque na jornada, no processo, na construção do seu conhecimento e da sua identidade, e sua trajetória será muito mais gratificante e completa.

Olhe para os grandes homens do mundo dos negócios e das finanças: Warren Buffett, Bill Gates, Jeff Bezos. O que as trajetórias dessas mentes poderosas têm em comum? Após terem atingido os seus objetivos, eles passaram a devolver o patrimônio conquistado. Doam, investem em caridades, constroem fundações. A jornada é mais importante, pois os objetivos sempre mudam. É aquela velha noção de Heráclito: a única constante é a mudança. Somos sempre a mesma vela, mas a chama está eternamente em processo de mudança. Morremos e renascemos a todo instante.

Por isso, não faz sentido investir para ficar rico. O que é riqueza? Qual é o valor da riqueza para você? O que devemos entender é que o dinheiro não é o objetivo, mas o instrumento para a concretização do estilo de vida que você sonha ter. Venderam uma mentira para nós: a de que o dinheiro é o marco do sucesso, o determinador da felicidade, o suprassumo de todas as conquistas. A verdade por trás desse pano de mentiras é que ninguém começou a juntar dinheiro pelo dinheiro. Sempre existe um objetivo intrínseco que norteia esse comportamento e basta você encontrar e se concentrar no seu objetivo para ter meio caminho andado como um investidor de sucesso.

Quando questionadas sobre o que perguntariam para Deus, caso estivessem cara a cara com ele, algum dia, 85% das pessoas respondem que gostariam de saber sobre o propósito da vida. Não espere esse dia chegar para finalmente descobri-lo, determine o seu propósito e deixe-o guiar as suas decisões. É claro que, se a resposta fosse tão fácil assim, todos a teriam, não é mesmo? Na realidade, a resposta pode ser fácil, sim, mas muitas pessoas não estão dispostas a procurá-la.

A grande chave por trás dos investidores de sucesso e daqueles que conseguiram acumular um patrimônio considerável ao longo da vida é que a maioria não estava focando nisso, especificamente. O foco desses investidores não é ficar "rico", é tornar-se livre para fazer o que quiser. É conseguir embolsar um pouco mais do recurso mais escasso do mundo: o tempo. A acumulação de riqueza veio no processo da busca pela liberdade. É o que eu sempre digo: o dinheiro é uma ferramenta. Utilize-o para comprar tempo e, com isso, virá a felicidade.

É aquela velha dialética de sucesso e significância. O sucesso é a nossa apropriação de valores, a nossa chegada ao destino final que planejamos. A significância, por sua vez, é a geração de valor para o outro, nossa jornada para chegar ao destino final. O sucesso é, invariavelmente, resultado da significância, de modo que, quanto mais valor você gera para os outros, mais completa será a sua chegada ao destino planejado. Já percebeu que, quando você finalmente alcança um sonho ou objetivo, ele já não tem mais tanta importância? Isso é porque o importante mesmo nunca foi o destino final, e sim o que você conquistou e aprendeu na jornada até ele.

Tomar conhecimento dos seus objetivos requer uma certa autoanálise, um nível de conhecimento próprio que vem com muita reflexão e certa idade. Conheça seus valores, determine as coisas que são mais importantes para você. Uma prioridade minha, por exemplo, é passar mais tempo com meus filhos. Sabendo disso, eu uso o dinheiro como um instrumento para fazê-lo acontecer. Eu uso a minha liberdade financeira para decidir estender meu período de férias com eles, ou chegar em casa mais cedo do trabalho para poder acompanhá-los na hora do jantar. Determine qual estilo de vida você quer para o seu "eu do futuro". O que você se imagina fazendo?

Na AXIOM Capital, utilizamos dois exercícios psicológicos que nos ajudam a estabelecer nossos valores, objetivos e propósitos. Primeiramente, temos a entrevista consigo mesmo. Pode parecer bobo, mas conduzir uma entrevista consigo mesmo é um ótimo instrumento para descobrir o que realmente é importante para você no longo prazo e qual vida você se imagina levando no futuro. Imagine que você está conversando consigo mesmo em três anos. O que você veste? Como fala? Onde mora? Crie essa imagem de si mesmo no futuro. Ela vai dar as respostas do que você tem que fazer hoje para tornar-se essa pessoa daqui a três anos. É importante, também, conduzir a mesma entrevista com o "eu" que você não quer se tornar em três anos. Essa pessoa vai lhe informar o que evitar, quais hábitos mudar e tudo o que você precisa eliminar da sua vida para não se tornar essa outra pessoa.

O próximo exercício que gostamos de utilizar é a tal da *bucket list*. O que você gostaria de fazer na sua vida, que sempre deixa para depois, porque acha que tem tempo? O termo *bucket list* vem da expressão americana *kick the bucket* (chutar o balde), que seria o equivalente ao "bater as botas" brasileiro. A expressão *kick the bucket* vem da Idade Média: a pessoa sentenciada à morte ficava de pé, em um balde, que era chutado na hora do enforcamento. Então, você faz uma lista de todas as coisas que você quer fazer antes de chutar o tal do balde, os sonhos que você quer realizar antes de morrer.

Criar uma *bucket list* nos ajuda a manter contato com nossos sonhos, nossos objetivos de longo prazo que buscam mais do que sucesso financeiro, acadêmico etc. São experiências que queremos ter, que julgamos valiosas. São desejos que nutrem a nossa criança interior, que fazem a vida valer a pena ser vivida. Criar uma *bucket list* é um exercício de criatividade e de autoconhecimento, que nos motiva e estimula a perseverar e seguir os nossos objetivos. Lembramos sempre da frase de Santo Isidoro de Sevilha (erroneamente atribuída a Mahatma Gandhi): "Aprenda como se você fosse viver para sempre. Viva como se você fosse morrer amanhã". Existe muito mais na vida do que a perseguição do sucesso material e financeiro. Entre em contato com as experiências que vão fazê-lo feliz e as cumpra sempre que possível.

Agora utilize todo esse conhecimento que você adquiriu durante essas reflexões para estabelecer metas que vão ajudá-lo a chegar aos seus objetivos. A definição de metas é de suma importância, não só para a nossa organização financeira, mas para realizarmos nossos sonhos ao longo da vida. Pensemos assim: as metas são como oxigênio para os nossos sonhos. O estabelecimento dos nossos objetivos é o primeiro passo de cada nova jornada que iniciamos e é fundamental para que possamos ser bem-sucedidos. As metas norteiam os propósitos que definimos para nós mesmos. Afinal, de que adianta você atirar mil flechas, sem ter um alvo para acertar? Seria um gasto de energia e esforço, certo?

Metas ajudam a se manter focado, concentrando seus esforços no cumprimento dos objetivos. Assim, é menos provável que você caia na rotina de procrastinação. Elas compõem a base da sua motivação, proporcionando um objetivo final concreto que o mantém animado e facilita o seu trabalho de alcançar os seus sonhos. Afinal, são justamente esses objetivos que nos motivam a continuar seguindo, quando parece que está tudo dando errado.

O método SMART para estabelecimento de metas

A SMART é uma metodologia baseada na criação de metas no plano de vida/carreira/negócios, cuja incorporação forneceria mais motivação, foco e senso de direção. O sistema SMART estabelece um conjunto de cinco fatores que ajudam na orientação da definição de objetivos.

S – *Specific* (específica) → a meta estabelecida deve ser específica e objetiva, de modo a fornecer um entendimento claro do que precisa ser realizado para atingi-la. Existem alguns questionamentos que podemos fazer, ao estabelecermos nossa meta, para que ela seja específica, como: o que eu quero alcançar? Por que eu quero alcançar esse objetivo? O que eu devo fazer para alcançá-lo?

M – *Measurable* (mensurável) → deve-se criar critérios para que o progresso possa ser medido, ao longo do tempo. Pense no resultado que se espera atingir e no indicador que definirá o progresso em direção àquela meta. Alguém que planeja escrever uma autobiografia, por exemplo, pode escolher medir seu progresso pelo número de páginas ou capítulos que escreve.

A – *Attainable* (atingível) → a meta deve ser desafiadora, mas não pode ser impossível. Estabeleça algo que você sabe que consegue conquistar, com um certo nível de dedicação. Faça isso com cuidado, para não exagerar e acabar se desmotivando.

R – *Relevant* (relevante) → para manter sua motivação, as metas precisam ser relevantes para os seus sonhos e objetivos. Você deve saber claramente qual é a importância daquela meta para você e quais benefícios o cumprimento dela trará, para sua vida.

T – *Time-bound* (temporal) → toda meta precisa de uma data definida para ser alcançada. Dessa forma, você previne que as tarefas cotidianas atrapalhem o cumprimento dos seus objetivos ao longo prazo. Pergunte-se quando essa meta deve ser atingida e o que você pode fazer todo dia — ou a cada semana — para cumpri-la.

Sempre mantenha em mente que suas metas devem depender exclusivamente de você. Ou seja, certifique-se de que elas não são dependentes de fatores exógenos. Você não colocaria "ser promovido" como uma meta, por exemplo, pois isso é um evento externo que não depende inteiramente de você. Em vez de "ser promovido", experimente "me preparar da melhor maneira possível para a entrevista com o gerente mês que vem". Outra dica importante é encontrar alguém de confiança que possa responsabilizá-lo pelo cumprimento das metas.

Compartilhe com um amigo ou familiar que possa cobrá-lo e acompanhá-lo nessa jornada.

O livre-arbítrio não nos torna, de fato, livres

Os processos aleatórios, combinados ao grande poder narrativo do ser humano, deram origem à maior das ficções: o conceito de livre-arbítrio. A ideia de destino, na verdade, é apenas um eufemismo para o resultado de um dos infinitos processos randômicos, racionalizados por uma história, mas formados de pontos ao acaso, unidos pela busca inerente do ser humano pelo significado da própria existência. Sim, é claro que podemos fazer o que nos dê na telha. No entanto, nossas ações pertencem a uma arquitetura mental específica e condicionada da mesma forma que um preso pode fazer o que quiser, condicionado ao fato de estar dentro de uma cela.

O fato é que tomamos micro ou nano decisões a todo instante e essas pequenas ações se capitalizam de forma composta, como se o presente fosse uma função que dependesse de outra função em cadeia (em um momento imediatamente anterior). O físico e botânico escocês Robert Brown observou que esporos e grãos de pólen suspensos em uma solução aquosa movimentavam-se de forma aleatória, sem responder a mecanismos biológicos. Em meados de 1833, Brown descobriu o núcleo celular e, em sua homenagem, ficaram conhecidos como movimentos brownianos os processos estocásticos de tempo contínuo (também conhecidos, na matemática, como processos de Wiener, em homenagem a Norbert Wiener, o pai da cibernética).

A própria descoberta do acaso aconteceu por acaso. De forma aleatória, a aleatoriedade foi percebida. A definição do processo browniano geométrico teve grande impacto em diversas áreas do conhecimento. Matematicamente, ele é definido como uma equação diferencial estocástica[1], dada por:

$$dS_t = \mu S_t dt + \sigma S_t dW$$

A taxa de variação dS_+ depende de um processo determinístico uS (dado pela taxa de deriva) e de um estocástico (dado pela taxa de volatilidade).

Um título de renda pré-fixado com valor futuro de R$ 1.000, por exemplo, possui um componente determinístico imposto pela taxa de juros contratada:

$$PU = 1000 * 1/(1+i)^n$$

À medida que n diminui, com o passar do tempo e a uma taxa de juros constante, o valor de PU tende a 1000. No entanto, como a taxa de juros oscila a todo instante, insere-se um componente estocástico à taxa de juros do título.

Quanto menor o valor de n, menor é o impacto de i sobre o PU. Quanto maior n, maior será a incerteza do caminho tomado pelo preço do título. A incerteza é função da raiz quadrada do tempo.

Ao analisarmos o exemplo do título pré-fixado, nota-se que, se, ao comprá-lo, você nunca mais observar o seu preço, com

---

[1] Equação usada em modelagem, geralmente empregada quando não há uma noção precisa do sistema que é utilizado ou quando não se tem meios para criar um modelo preciso.

exceção ao dia de seu vencimento, seu título terá uma taxa de variação determinística. Assim, será em função apenas do tempo. Essa é a gestão passiva. Agora, se você acompanha diariamente seu preço, observará o caráter aleatório que enfraquece com a diminuição de n, Isso ocorre porque n, na maturidade, valerá 0, e a taxa i não importará, pois o denominador será simplesmente 1.

Em *The Nature of Investing*, Katherine Collins inspira-se na natureza para tomar suas decisões de investimento, em uma espécie de finanças biomiméticas. Seu argumento principal é que bilhões de anos de impactos aleatórios produziram estruturas multifuncionais com o maior nível de eficiência e eficácia possível até o momento e seria, no mínimo, inteligente, por assim dizer, tentar copiar como os sistemas naturais se relacionam e interagem.

Temos bastante dificuldade de visualizar sistemas de forma holística e tendemos a discutir a parte como se fosse o todo. Vemos a chuva apenas como água caindo do céu, um grande inconveniente para o nosso dia a dia — mas não como produto de fluxos aéreos maciços de água, sob a forma de vapor, que vêm de áreas tropicais do Oceano Atlântico, alimentados pela umidade que se evapora da Amazônia. Esses rios de umidade que atravessam a atmosfera rapidamente, sobre a Amazônia, até encontrar com os Andes, causam chuvas a mais de três mil quilômetros de distância, recarregando todo o ecossistema e o estoque de oxigênio global.

Pode-se traçar um paralelo entre a Teoria do Caos e os movimentos brownianos geométricos. Um dos conceitos mais conhecidos é o efeito borboleta. Tal fenômeno foi observado ao acaso (novamente, o acaso) pelo meteorologista Edward Lorenz. Depois de alguns experimentos quantitativos com dados meteorológicos, ele percebeu que uma aproximação numérica nas casas decimais dos dados causava previsões meteorológicas muito distintas, com o passar do tempo. Pequenas variações se acumulavam, levando a desfechos incrivelmente distintos.

Talvez seja ainda mais fácil observar a ação do efeito borboleta em nós mesmos. A simples decisão de acordar às 6h em vez de 6h01 transforma totalmente o seu destino. O interessante é que, depois de um evento marcante, atribuímos o resultado final ao caminho escolhido, elaborando uma narrativa específica (sua própria jornada do herói, digamos assim). O que não percebemos é que fazer isso é o mesmo que tentar determinar o formato de uma escultura de gelo, olhando apenas para o seu estado líquido.

A verdade saindo do poço

Não há nada mais perigoso que a certeza. Ela destrói tudo o que não se reflete como ela mesma. É tão ardilosa que conseguiu crucificar toda a incerteza como perigosa. No mundo dos investimentos, dão explicações para tudo — muitas vezes, a mesma resposta é utilizada para dar sentido às altas e baixas da Bolsa.

Matematicamente, reconhecemos que os movimentos da Bolsa de 2% para cima ou para baixo não possuem explicações. São completamente aleatórios, sem um indutor basilar.

Nada poderia ser mais mal interpretado do que a incerteza. A pobre é tratada como inimiga, quando, na verdade, é sua única amiga verdadeira. *La Vérité Sortant Du Puits*, obra do artista francês Jean-Léon Gérôme (1896), me vem à mente.

A certeza é persuasiva. Tomemos o tempo como exemplo: todos sabemos que o tempo sempre corre para frente, e não há como voltar. Mas por quê? É interessante notar que essa certeza nasce da entropia. A segunda lei da termodinâmica impõe que, com o passar do tempo, a entropia pode aumentar, mas nunca diminuir. A concretude do tempo em caminhar em direção ao futuro é apenas uma questão de probabilidade: partículas menos ativas, transferindo energia e conduzindo calor.

Cada vez fica menos possível retornar ao estado original. É como disse Carlo Rovelli:

> Em todos os casos em que a troca de calor não ocorre, ou quando o calor é insignificante, vemos que o futuro se comporta exatamente como o passado. Contanto que não haja atrito, por exemplo, um pêndulo pode oscilar para sempre. Porém, se houver atrito, o pêndulo aquece levemente seus suportes, perde energia e diminui a velocidade. O atrito produz calor, e imediatamente somos capazes de distinguir o futuro (em direção ao qual o pêndulo diminui) do passado. (Rovelli, 2018)

Gerir uma carteira de investimentos requer a aceitação da incerteza. É entropia. Não há certeza no mercado financeiro e, se porventura, você encontrá-la, corra.

Figura 10 : *La Vérité Sortant Du Puits* (Jean-Léon Gérôme, 1896).
Disponível em: https://santhatela.com.br/jean-leon-gerome/gerome-a-verdade-saindo-do-poco-1896/.
Acessado em: 15 maio 2023.

O grande esquema das coisas

Ainda sobre o livre-arbítrio, como somos formados por infinitas moléculas — e sabendo que ainda não conseguimos prever a interação de apenas três —, tudo se torna impossível de prever. Esse é o *Grand Design* — que nada mais é do que o grande esquema da nossa vida.

O que quero dizer com tudo isso? O mundo é feito de eventos, não de coisas. Consoante Carlo Rovelli, uma onda não é uma coisa, ela é formada por uma sequência de eventos que nela culminam. Não somos verdadeiramente livres, pois somos escravos da aleatoriedade. Não podemos permear o futuro, não podemos prevê-lo e, muito menos, tirar vantagem dele. A única coisa que podemos controlar é o modo que reagimos aos eventos externos a nós mesmos. Como fazemos isso? Nós nos tornamos antifrágeis.

A antifragilidade é um conceito elaborado por Nassim Nicholas Taleb em seu livro *Antifrágil: coisas que se beneficiam com o caos*. Se o frágil é aquilo que é facilmente danificado quando submetido à pressão de agentes externos, o antifrágil não é apenas aquilo que não se danifica, mas também aquilo que se fortalece quando está diante de situações complicadas.

Aquele que desenvolve a antifragilidade consegue criar a consciência da existência de fatores externos e inesperados, encarando a aleatoriedade como uma oportunidade de aperfeiçoamento.

Seguir o fluxo está prejudicando você

Gostaria de compartilhar um experimento feito pela pesquisadora e professora de Harvard Francesca Gino. No estudo, a professora Gino incumbiu aos participantes a tarefa de dobrar camisetas e disse que seriam recompensados pelo número de camisetas dobradas em um determinado tempo. Antes de dobrar, os participantes assistiram a um time de atores contratados dobrarem as camisetas. Alguns viram os atores de forma eficiente, enquanto outros presenciaram uma série de movimentos desnecessários e irrelevantes ao processo de dobragem (etapas extras que atrapalhavam o processo).

O resultado é impressionante: 86% dos participantes copiaram os movimentos irrelevantes que diminuíram drasticamente a eficiência do processo sem questionar, custando-lhes dinheiro —

tendo em vista que, quanto mais camisetas dobravam, mais dinheiro recebiam. Esse tipo de comportamento inicia-se logo na infância, quando as crianças começam a copiar o comportamento dos adultos que os cercam. O que não paramos para pensar é que as crianças não filtram quais comportamentos vão copiar; então, acabam copiando também os erros cometidos pelas pessoas à sua volta.

Portanto, lembre-se de que, nos investimentos, você provavelmente está seguindo um grupo de pessoas que estão fazendo algo sem saber o porquê; e, pior, da maneira errada. Se a grande maioria está com dinheiro na poupança, a probabilidade é de que a poupança não seja o melhor lugar para alocar o seu capital. Empodere-se. Entenda o que você está fazendo e faça da sua maneira. Assuma responsabilidade pelas suas decisões. Só assim nascem as grandes ideias (e os grandes investidores).

FILOSOFANDO SOBRE O PAPEL DO TEMPO

A vida é o que acontece entre a inspiração e a expiração.

A dinâmica da vida

A vida se assemelha a uma equação diferencial. Quando esta é solucionada, diferentemente da equação algébrica, a resposta não é um número: é uma função. A função descreve um processo.

O mundo é feito de equações diferenciais. Como a onda se propaga no mar? Cada hora com uma amplitude. É uma equação diferencial, pois você está vendo como ela se comporta em função do tempo. Quando você descobre como algo se comporta, você encontra a própria coisa.

A vida é composta por uma sequência de eventos que escondem sua beleza na passagem, não na coisa em si. Percebe? Vivemos de variações, eternamente em transformação. A transformação possui um papel essencial na nossa vida. No budismo, pensamos em nós mesmos como uma vela. A cera é a mesma por toda a eternidade, mas a chama muda, a cada segundo que passa. Entende-se a vida como um conjunto de variações que, invariavelmente, culminam na morte.

É como a música. Ela nada mais é que uma sequência de variações. A nota musical, solta, não traz emoção. Não é um dó ou ré que trará lágrimas aos seus olhos, mas a junção destes, em função do tempo. O tempo é importante, pois permite que a sequência de eventos transcorra, que a música toque, que a onda quebre no mar.

A sua carteira de investimentos nada mais é do que uma sequência de microeventos que transformam o seu patrimônio. E lembre-se: se você quer ver o nascer do sol do lugar mais lindo da montanha, deve passar a noite escalando.

Um pouco de filosofia

Não conseguimos escapar do presente. Se o agora é tudo o que nos resta e ele, por definição, sempre está presente, temos tudo. Mas, paradoxalmente, o agora renova-se em futuro, tornando-se o novo agora, em uma busca incessante do que vem a seguir. Sinto lhe dizer, mas não temos nada.

Não pretendo que isto soe de maneira enigmática ou, muito menos, poética. Penso que somos chamas diferentes de uma mesma vela, água nova de um mesmo rio. Já cheguei até a pensar que os rios deveriam mudar constantemente de nome, pois, se a nascente do rio São Francisco brota na Serra da Canastra, em Minas Gerais, e percorre 3.000 km até desaguar no Atlântico, o rio deveria ter o nome da Serra, e o oceano deveria ser chamado de Velho Chico.

A eternidade não é eterna porque dura muito, mas por transcender a racionalidade do tempo. Ela é infinita, pois tergiversa o tempo. Se o universo existe há 14 bilhões de anos, o que havia antes? Segundo Stephen Hawking, o tempo simplesmente não existia. Quero dizer com tudo isso que o tempo vive no mundo das ideias. Não estava aqui quando chegamos; é nosso produto. O tempo é parte de uma função decisória que nos molda e aprisiona, e tem o único objetivo de tornar possíveis encontros e desencontros com os outros ou com outras chamas da mesma vela. Como disse Albert Einstein, em uma carta à viúva de seu melhor amigo: "a diferença entre passado, presente e futuro é apenas uma persistente ilusão". (Einsten apud Versignassi, 2017)

Se você tem uma reunião importante amanhã, às 10h, isso não deveria afetá-lo agora, nem mesmo causar algum tipo de ansiedade. Seria o mesmo que sentir o sal do oceano bebendo na nascente da Serra da Canastra. Mas, infelizmente, não podemos deixar de sentir aquela ponta aguçada da ansiedade despertando em nosso estômago, quando pensamos no vácuo existente entre o agora e o amanhã. Temos por inúmeras variáveis e as ponderamos irracionalmente pelos nossos vieses, chegando a um resultado amedrontador.

Imagine-se entrando, pela primeira vez, em uma sala totalmente escura, onde não é possível enxergar nem seus próprios pés. É uma situação desconfortável, pois não sabemos dos perigos que ali residem. Nossa mente cria diversas possibilidades: cairemos em um buraco, bateremos a cabeça em algo contundente, seremos raptados por alguém à espreita etc. Enquanto você, cuidadosamente, tenta apalpar o ar à sua volta, em uma tentativa de conjurar uma imagem mental dos arredores, a luz se acende subitamente, iluminando tudo o que, antes, era desconhecido.

Enxergar e poder controlar a situação dissipa, quase imediatamente, a ansiedade causada pelo desconhecido. Aqui, a ansiedade é a distância entre o presente e o futuro, e o acender das luzes traz o futuro ao presente. Raiva, medo e ansiedade são os resultados de uma subtração do futuro, no presente. Pense como seria se o futuro e o presente fossem exatamente iguais. Quanto vale o medo, então? Qual é a razão da ansiedade?

E o que toda essa conversa filosófica, essas elucubrações que beiram à metafísica barata têm a ver com finanças? Tomar decisões importantes no presente já é uma tarefa árdua. Mais complicado ainda é ter que escolher entre opções dispersas em diferentes pontos do modelo temporal. Racionalmente, deveríamos guardar parte da nossa renda, aplicando-a em ativos capazes de preservar valor ao longo do tempo. Mas, como vimos, temos dificuldades de executar decisões intertemporais e valorizamos muito mais as sensações de prazer imediatas. Por definição, o prazer deve ocorrer no tempo 0, senão nós o perceberíamos como esperança ou saudade.

É aí que entra uma questão extremamente importante. Para vencer a necessidade do imediatismo, temos que saber diferenciar o prazer do objetivo. Normalmente, o prazer é antagônico à meta. Comer batatas fritas pode gerar um prazer enorme, mas o afasta do objetivo de emagrecer, por exemplo. Hoje, muito se fala em desconto hiperbólico, que nada mais é do que a predileção por recebimentos presentes, em detrimento dos que estão no futuro. É o imediatismo que permeia todas as camadas do nosso cotidiano. Os gurus das finanças são ávidos em caucionar o efeito, como se fosse possível desligar e ligar a chave de um comportamento intrínseco à natureza humana. Combatê-lo requer treino e intencionalidade, como repetir o comportamento de adiamento de prazer sempre que possível (uma tarefa muito complicada para a nossa mente conturbada).

Muitos acreditam que o segredo das pessoas bem-sucedidas é entender o desconto hiperbólico e saber adiar a sensação de prazer e recompensa em troca de um bem maior, mas não pensam que essas mesmas pessoas continuam buscando o prazer. Afinal, somos todos seres humanos. O real segredo dos poucos que conseguem postergar prazer é a habilidade de migrar o prazer para o objetivo futuro, destruindo efetivamente o conceito de tempo. Simplesmente, de alguma forma, conseguem trazer o futuro ao seu presente. E como fazer isso? Com uma mudança de paradigmas, com a quebra dos pensamentos limitadores e com práticas que exacerbam a clareza mental — como a meditação.

MEDITAÇÃO

*Quando você atinge a iluminação não se torna uma
nova pessoa. Na verdade, você não ganha nada,
apenas perde algo: se desprende de suas correntes,
de suas amarras, deixa para trás seu sofrimento*
Osho

Cada vez mais, a meditação se apresenta como uma ferramenta fundamental para navegar com segurança pela modernidade líquida. Não só por todos os benefícios científicos comprovados, mas pelo bem-estar emocional que ela traz ao seu praticante.

Com sua crescente popularização, várias pesquisas com monges e meditadores surgiram, visando descobrir o que realmente está ocorrendo no cérebro daqueles que aderiram à prática da meditação regularmente. Em meio a tantos estudos, descobrimos que a prática possui um efeito físico em diversas estruturas cerebrais relacionadas ao foco, à memória e à empatia.

Em meados dos anos 2000, o neurocientista e pesquisador Richard Davidson convidou o monge francês Matthieu Ricard para realizar uma bateria de exames neurológicos enquanto meditava. Os achados de Davidson foram impressionantes: o cérebro de Ricard produzia, durante as sessões, uma quantidade exacerbada de ondas gama — oscilações eletromagnéticas produzidas quando os neurônios estão trabalhando sincronicamente. Essas ondas estão relacionadas à percepção de consciência, aprendizado, atenção e memória. Também se comprovou uma atividade acentuada do lobo frontal esquerdo — o que indica a produção de sentimentos de felicidade prolongados e redução de estresse.

Outras pesquisas realizadas após as descobertas de Davidson reforçaram a noção de que praticantes de meditação com três anos ou mais de experiência possuem mais capacidade de atenção e memória do que aqueles que nunca meditaram. Comprovaram que havia mais massa cinzenta em áreas corticais relacionadas à atenção e ao raciocínio naqueles que praticavam meditação regularmente.

Além disso, a meditação ajuda a amenizar os impactos negativos que o envelhecimento produz no nosso cérebro. Tipicamente, no processo de envelhecimento, uma camada superficial de algumas áreas cerebrais importantes, como o córtex pré-frontal — responsável pelo raciocínio, pela tomada de decisões, atenção e lógica —, começa a diminuir.

Uma pesquisa de Harvard realizada pela neurocientista Sara Lazar mostrou que o mindfulness funciona como um método preventivo ao envelhecimento cognitivo, comprovando que adultos de meia-idade praticantes de meditação tinham mais neurônios e possuíam uma capacidade cognitiva equivalente à de jovens de 25 anos. Essa prevenção do encolhimento do hipocampo pode também prevenir uma série de doenças degenerativas, como o Alzheimer.

O que incomoda

Cabe, aqui, um desabafo sobre o que me incomoda na percepção contemporânea da meditação. Em algum lugar entre a prática milenar da meditação e as pesquisas científicas que buscavam comprovar a sua eficácia, perdemos a essência da coisa.

A meditação é um treino, não é o fim da história. Muitos a veem como um fim, como a solução para os seus problemas, como se fosse um instrumento mágico. Não é. Por causa dessa visão sobrenatural, a meditação acabou atraindo pessoas que acham que são melhores do que outros por praticarem-na, mas a essência do treino é justamente o contrário: é uma prática de humildade, de destruição do seu ego e dos sentimentos negativos a ele atrelados.

Quando eu tinha uns vinte anos, fazia sessões de meditação semanais com o mestre budista. Um dia, o mestre sentou para assistir a uma das minhas aulas. Ao final da prática, perguntou para os alunos sobre a experiência e como tinha sido o treino. Uma mulher levantou-se e pôs-se a falar sobre como ela havia sentido sua conexão com o universo e como parecia que um cordão umbilical a tinha ligado ao universo. Terminado o discurso, o mestre virou-se para ela e falou: "acho que, como treino para a próxima semana, você deveria praticar não mentir". Não preciso nem dizer que nunca mais vi a felizarda, certo?

Só vai mudar a sua vida se você mudá-la

A meditação é uma prática que tenta destruir o gap temporal da sua cabeça. Você pensa no amanhã ou na mágoa passada e a meditação o mantém no presente, onde/quando não há como remoer o passado ou maquinar o futuro.

A raiva e a mágoa estão no passado; a ansiedade e o medo estão no futuro. Vivendo o hoje, não somos afetados por essas emoções. Você não vai começar a meditar e, de repente, começar a solucionar a sua vida, mudar a sua realidade e sentir mais empatia pelos outros. Você deve ativamente buscar implementar os aprendizados da meditação na sua vida, para que tudo isso se concretize.

Você treina sua humildade na sessão, mas, ao sair, se acha melhor do que todos que não meditam? Está efetivamente destruindo o seu aprendizado. Aplique genuinamente os conceitos da meditação na sua rotina e verá uma transformação no seu cotidiano. Perceba o aumento da sua paciência, da sua conexão com os outros, da sua capacidade cognitiva e do seu contentamento.

A âncora

Existem copiosos instrumentos que podem ser utilizados para meditar, e várias linhas de meditação divergentes que podem ser seguidas. A âncora, entretanto, é sempre a mesma: a respiração. A respiração impede que sejamos sequestrados pelos pensamentos que surgem durante o treino.

Alguns focam em imagens ou no cheiro do incenso. Alguns repetem mantras ou escutam músicas — mas todos estão ligados pela mesma coisa. No fundo, estamos sempre focados na âncora que nos mantém no presente. É por isso que qualquer coisa pode ser uma meditação. Desde que você se mantenha no presente, pratique a humildade e se conecte consigo mesmo.

Eu sempre digo que a arte marcial é uma grande meditação. Quando você está buscando aquela perfeição do movimento, precisa se manter completamente presente e imerso naquela atividade. Você foca na respiração, na sensação do ar inundando o seu corpo e na execução daquela arte milenar.

Meditar, não Me Deitar

Brincando, o Dalai Lama gosta de falar que a melhor meditação é o sono. É uma visão que muitos compartilham, fidedignamente. O treino parece tão simples: sentar e respirar — que muitos acabam confundindo com uma atividade passiva, como dormir. Na realidade, a meditação é extremamente difícil. A simplicidade do treino carrega uma sofisticação enorme.

Sentar para meditar é uma tarefa árdua, e insistir no treino é ainda mais. Requer disciplina e coragem para ser executada, mas seu corpo o agradecerá depois que estiver feito. Meditação é um treino de resiliência.

Um professor de arte marcial que foi crucial na minha jornada exemplificou isso perfeitamente. Ele era uma pessoa dócil e muito amável, mas todos tinham medo dele. Ele era forte física e mentalmente, um verdadeiro samurai. Morava no campo, só treinava arte marcial e dedicou sua vida inteira a isso. Tinha muito conhecimento e meditava intensamente.

Ele me falava que as pessoas são duras por fora e moles por dentro. A meditação faz com que nos tornemos o contrário: moles por fora e duros por dentro. Ele estava sempre em paz e tranquilo, pois, por dentro, era uma rocha. Não se fazia de durão mas, verdadeiramente, praticava humildade e resiliência. Meditação é isso.

A meditação é necessária principalmente para aqueles "mãos de alface" na Bolsa de Valores. Esse é aquele que compra arriscado, mas, na primeira queda, já sai vendendo. O clássico duro por fora, mole por dentro. Afinal, você está certo das coisas em que acredita ou você acredita somente quando dá certo?

A calma vem com muito treino. É como Bruce Lee disse: não tenha medo do cara que aprender mil chutes diferentes, tenha medo do cara que aprender um chute mil vezes. É uma luta contra a gratificação instantânea que está intrinsecamente relacionada ao cotidiano, na vida contemporânea.

Sua técnica

Eu defendo que não há um treino correto da meditação. Todos os treinos são válidos, desde que sigam os princípios básicos da prática. A meditação não deve ser livre de desconforto, pois é ele que traz a resiliência. Então, esqueça a mania de meditar deitado. Mantenha sua postura, foque na respiração e utilize os instrumentos que funcionam para você — sejam esses mantras, incensos ou imagens.

Praticar meditação diariamente requer muita dedicação e comprometimento. Para isso, devemos manejar as nossas expectativas com relação ao treino. Não será como mágica, as mudanças serão perceptíveis aos poucos. Quando a técnica for integrada na sua rotina, os minutos de concentração serão um dos componentes mais importantes do seu dia. Entramos em contato com nossa essência, tornando-nos completamente imersos no presente — onde não há estresse ou ansiedade.

Há um ditado indiano que expressa perfeitamente o que é a meditação: "Nós adoecemos porque nos afastamos do lar. Meditar é voltar para casa". Lembre-se sempre de que não dá para trilhar o caminho de uma vez só. Ele deve ser feito gradualmente. Comece com cinco minutos e vá aumentando o tempo, à medida que for praticando.

CONATUS NA PRÁTICA

Não tente desvendar o mistério.
Aprenda a viver em constante suspense.

Nos primórdios da filosofia metafísica, a propensão intrínseca de algo em continuar existindo e, enquanto isso, aprimorar-se era conhecida pelo conceito de conatus. Hoje, concordamos que toda a engenharia bioquímica dos seres vivos tem um único objetivo: sobreviver e perpetuar a espécie.

Como definido pelo brilhante Steven Pinker, em *Enlightenment Now* (2018), "a natureza é uma guerra!". Animais desenvolvem cascos, presas venenosas, supervelocidade, mimetismos, camuflagem, entre milhares de outros mecanismos de defesa para se prepararem para os confrontos que enfrentarão, ao longo da vida. No caso dos seres humanos não é diferente: nosso objetivo é sobreviver.

O mais interessante nisso tudo é a colisão entre conatus e a entropia. A vida é entrópica, pois se inicia com uma determinada organização e vai se desarrumando, sob o efeito de energias exógenas, medindo o grau de irreversibilidade do sistema. Enquanto tudo isso está acontecendo, estamos tentando sobreviver: conatus. O conatus é, destarte, a guerra contra a entropia.

Em palavras mais simples: os confrontos nos fortalecem, tanto mental quanto fisicamente. No mercado financeiro, por exemplo, temos que nos manter vivos, e, para isso, os diferentes ativos tornam-se ferramentas para enfrentar as intempéries de um ambiente inóspito, permeado por infinitas interações entre incontáveis variáveis.

A entropia é importante, pois tentamos organizar as coisas e trazer para o nosso controle — especialmente no mercado financeiro —, mas a natureza do universo é sair do controle, expandir, envelhecer. As taxas de juros podem ser mais ou menos entrópicas para o seu patrimônio, talvez até antifrágeis.

Estar cheio de títulos pré-fixados em sua carteira de investimentos, em um ambiente de guerra, poderá gerar altos níveis de entropia. Utilizando a mesma lógica, carregar algum tipo de exposição cambial no seu portfólio parece bastante sensato em uma economia emergente, onde as políticas monetárias não parecem funcionar como deveriam.

Fundos cambiais fazem essa função, mas não protegem da perda de valor da moeda. Ações com receita em dólar e resultado econômico relevante parecem uma boa opção, mas inserem um risco idiossincrático à equação. Derivativos cumprem o mesmo papel, mas as constantes chamadas de margem exigem caixa.

Um ativo menos óbvio para executar tal tarefa são os títulos pós-fixados. O Tesouro Selic funciona bem como amortecedor da carteira, trazendo liquidez para o todo.

Enfim, percebe-se que as combinações são infinitas. Não existe um único investimento que o tornará rico, pois se trata de um jogo de sobrevivência, tabulado sobre um estado de constante beligerância. Sua estratégia deve refletir o seu objetivo. Portanto, é interessante pensar em cenários e incorporá-los às suas decisões. Insira o improvável e algumas pitadas de convicções.

FINANÇAS PESSOAIS

Evitar erros catastróficos é mais importante do que construir o portfólio perfeito
Michael Batnick

O que é o longo prazo?

Alguns matemáticos perceberam que a evolução do preço de um ativo tem dois blocos: um determinístico (que é o retorno esperado), e um estocástico (que é a função do tempo e da volatilidade). Nas duas curvas no curto prazo, o retorno vem da volatilidade, não do processo determinístico. O retorno esperado do portfólio no curto prazo, portanto, não interessa.

A volatilidade é a função da raiz quadrada do tempo. Ou seja, quando o tempo aumenta, a volatilidade cresce a taxas decrescentes, enquanto os juros compostos crescem exponencialmente. A intersecção entre esses dois é o longo prazo.

Aí é que o processo estocástico cruza com o processo exponencial. Quanto mais risco existe, mais longe fica o longo prazo — pois o risco aumenta a volatilidade. Não existe isso de "longo prazo são dez anos". Você tem o poder de manipular a intersecção dos componentes, de acordo com seus objetivos.

Por construção, se a sua carteira tem 8% de retorno e 8% de volatilidade ao ano, quando seria essa intersecção? Daqui a um ano, pois os componentes são iguais e vão se encontrar. Percebe? Não devemos temer o longo prazo, pois ele funciona a nosso favor!

A realidade é que a gestão do seu patrimônio tem muito mais a ver com não perder do que deixar de ganhar. Não é sempre buscar otimização de ganhos, mas proteger seu capital e conseguir se manter estável e rendendo positivamente, sempre. O seu sucesso nos investimentos pode ser reduzido a uma simples frase: mantenha o foco no longo prazo. Já falamos disso tantas vezes, mas não custa repetir. É simples, mas não é fácil.

A estratégia que "nem Deus pode vencer"

Muitos investidores passam a vida inteira tentando determinar o momento exato que otimiza a sua entrada no mercado e maximiza seus ganhos. Passam anos falhando miseravelmente, dando alguns golpes de sorte que confirmam sua crença de que há um ponto exato, passível de cálculo, que fará sua carteira crescer duzentas vezes mais do que as carteiras dos demais investidores no mercado. Outros acreditam que devem entrar em mercados em alta, para não ficarem de fora dos lucros que estão sendo compartilhados pelos colegas e acabam comprando em mercados demasiadamente caros.

O *market timing* é um tema bastante controverso no mundo dos investimentos. Discussões acerca do momento certo de compra e de venda permeiam o mercado financeiro e geram muitas dúvidas. Mas e se eu falasse que esses questionamentos estão fundamentalmente errados? A pergunta não deveria ser "quando devo comprar/vender", e sim "faz diferença saber exatamente quando comprar/vender"? Uma carteira que só compra em períodos de baixa terá rendimentos significativamente maiores se comparada a uma que compra consistentemente, todos os meses, independentemente das condições do mercado?

No artigo "Nem mesmo Deus poderia bater o custo médio em dólar", Nick Miggiuli argumenta que a estratégia de investimento do preço médio é imbatível, até mesmo por Deus. Vou explicar melhor. A estratégia do preço médio consiste em aportar mensalmente, independentemente das condições de mercado. Ou seja, tanto nas máximas quanto nas mínimas. A alternativa para essa estratégia é aquela em que o investidor apenas aporta quando o mercado cai significativamente. Enquanto isso, ele vai angariando caixa em uma reserva de liquidez e aguarda o momento "certo" para investir.

Miggiuli analisou dois cenários distintos, utilizando o S&P 500 como mercado: no primeiro, o investidor aplicou US$ 100 todo mês, independentemente do mercado. No segundo, o investidor aplica somente com o mercado em baixa (enquanto isso, acumula os US$ 100 em forma de caixa). Miggiuli tornou esse segundo investidor uma espécie de "Deus": onisciente, sabendo exatamente quando comprar (no ponto mínimo entre duas máximas históricas no mercado). O segundo investidor tem uma estratégia quase impecável. Quem você acha que ganhou a disputa?

A estratégia do preço médio performou melhor, na maior parte do tempo; enquanto a estratégia de "Deus" só performou bem na janela entre as crises. Como a segunda não consegue performar bem na maior parte do tempo, chega-se à conclusão de que nem Deus conseguiria superar a consistência e determinação nos investimentos. Isso acontece porque a ação do tempo e dos juros compostos é infinitamente mais importante do que o *market timing*. Se observarmos o comportamento do mercado ao longo do tempo, percebe-se que ele está sempre em tendência de alta, embora seja permeado por oscilações. Ou seja, as oportunidades de realização de uma "compra perfeita", em momentos de crise, são muito poucas (e, mesmo assim, você teria que ter muita sorte para adivinhar os momentos de baixa histórica).

É como o problema do secretário: imagine que você deve contratar um secretário e recebe cem currículos. Você entrevista o primeiro candidato e não gosta. Entretanto, gosta bastante do segundo candidato. Neste momento, você pensa: talvez o próximo seja ainda melhor. Você deverá tomar uma decisão alguma hora, certo? Na compra e venda de ativos, sempre imaginamos que talvez a próxima proposta será melhor ou que devemos esperar o momento exato para otimizar nossos ganhos.

Para não ficarmos parados, paralisados pelas opções, você deve ter uma moldura para tomada de decisão, que pode ser dada pelo *constant mix* que já abordamos antes. Deve ser bom o suficiente para você. Se não determina o que é bom para você, não terá fim.

Qual é a lição que tiramos de tudo isso? O mercado atua a favor daqueles que possuem a disciplina e determinação para investir consistentemente e não se deixam levar por notícias e tendências que serão irrelevantes, no longo prazo. Mantenha seu foco na realização dos seus objetivos e não escute as conversas de bar e conselhos advindos daqueles que nada construíram. Se nem mesmo um ser onisciente consegue adivinhar os momentos de crise, que chance tem o Zé Trader de fazê-lo? O segredo dos investidores bem-sucedidos é muito mais simples do que parece: eles não são máquinas, não tentam decifrar ou adivinhar o mercado, apenas o entendem e conseguem se manter consistentes em seus propósitos.

Os ruídos e os sinais

O medo, a agitação, os ruídos do mercado e a nossa ansiedade muitas vezes nos atrapalham no processo da conquista dos nossos objetivos. É muito fácil ser levado por notícias diárias, especulações sem fundamentos e pelas nossas emoções, ao operarmos no mercado financeiro. Devemos construir a mentalidade correta para não deixar os eventos globais sacudirem a nossa confiança em nossa carteira.

Quando investimos, a emoção mais poderosa que toma conta da gente é o medo. O medo de errar, medo de não conseguir a rentabilidade desejada e outros tantos medos nos fazem tomar decisões ruins e perder desnecessariamente. Quando entendemos os fatores que são gatilhos para os nossos medos, que alimentam as nossas inseguranças, conseguimos nos proteger de forma eficaz.

Portanto, não fique constantemente ligado nos jornais e na mídia. O objetivo deles é manter você vidrado no que eles têm para falar, e mensagens otimistas e alto-astral não farão isso. Ficar com a Bloomberg ligada noite e dia é uma ameaça para a saúde dos seus investimentos e pode fazer com que você altere sua carteira desnecessariamente.

Não há dúvida de que eventos políticos e econômicos impactam a sua carteira por dias, talvez até semanas, mas um investidor de sucesso sabe respirar fundo e manter a sua visão de longo prazo. Se algo verdadeiramente significativo ocorrer, você ficará sabendo de um jeito ou de outro, sem ter que ficar vidrado em cada notícia que sair sobre o mercado.

Compreenda as suas escolhas de investimento e terá menos dúvidas se fez a escolha certa quando chegarem os momentos de crise. Entenda o papel que cada ativo cumpre na sua carteira e dificilmente se abalará com notícias momentâneas, que não farão diferença alguma daqui a cinco anos.

Em suma, o jeito mais eficaz de se manter centrado e com foco no longo prazo é saber distinguir entre os ruídos e os sinais do mercado financeiro. Deve-se diferenciar os movimentos pontuais e técnicos das mudanças estruturais de direção ou cenário. Informações irrelevantes podem (e vão) piorar os seus investimentos e levar você a fazer escolhas precipitadas, sem um bom embasamento técnico. Não se deixe levar pelo canto das sereias, pois, embora seja atrativo, pode ser fatal.

É o que dita Nassim Nicholas Taleb, em seu livro *A lógica do cisne negro*: a razão matemática entre ruído e sinal, no período de uma hora, resulta em 30:1 de ruídos. Ou seja, para cada informação relevante, são produzidas trinta informações irrelevantes. O excesso de informações, notícias, análises e comentários, no curto intervalo de tempo, trará muitos ruídos e, consequentemente, ansiedade e frustrações ao investidor.

O MELHOR TERMÔMETRO DO SUCESSO

Ken Honda é o investidor — muito bem-sucedido, vale dizer — que cunhou a teoria do "dinheiro feliz". Ele apresenta a arte japonesa de acumular não somente riqueza monetária, mas espiritual também. A tese central do autor é que o dinheiro pode ser feliz e amistoso, e acreditar nisso é o primeiro passo para a conquista de uma vida próspera e feliz. Honda encoraja os leitores a analisarem a relação que possuem com seu dinheiro e demonstra que a escolha de ter uma relação feliz ou infeliz depende de cada um de nós.

A nossa felicidade ou infelicidade com o dinheiro não é determinada pela quantidade que possuímos, mas pela energia com a qual damos e o recebemos. Temos duas escolhas com relação ao nosso dinheiro no dia a dia: podemos evitá-lo, deixando o pagamento de contas e resolução de problemas para depois e enxergando-o como um fardo, ou podemos vê-lo como uma parte pivotal do nosso cotidiano. Nessa segunda escolha, é possível combater o estresse, o medo e a frustração que podem advir do dinheiro mal gerido.

Se você ainda não está convencido de que o dinheiro pode ser amigável e feliz, basta pensar em tudo o que ele permite que você faça. Permite mandar os filhos para uma boa universidade, aproveitar a sua lua de mel dos sonhos com o parceiro, aprender novas coisas, ter mais tempo com sua família, entre muitas outras coisas. O dinheiro pode, de fato, trazer felicidade, mas também pode trazer estresse — e, quando isso acontece, podemos inconscientemente afastá-lo de nossas vidas. Afinal, qual seria o propósito de trabalhar duro e economizar sem poder desfrutar dos prazeres que o dinheiro pode nos proporcionar?

Honda traz um ponto de vista bastante diferenciado com relação ao controle de gastos, afirmando que esse hábito é como fazer uma dieta: é difícil e pode fazer com que até a presença do dinheiro seja indesejada. Quando você se acostuma a gastar, fica muito mais difícil controlar os gastos. É muito fácil gastar um pouco mais aqui e ali, achando que isso não o afeta, e acabar se tornando dependente do consumo. Honda aconselha todos a se comprometerem com a manutenção de um estilo de vida que não exija drásticas reduções financeiras quando surgir um momento de crise.

O primeiro passo no caminho da felicidade é parar de se comparar aos outros. Compare-se somente com quem você foi ontem. Sempre terá alguém mais rico que você, então meça seu sucesso somente de acordo com a sua própria jornada. Seja grato pelas suas fortunas e alegrias e agradeça sempre àqueles que o auxiliaram a chegar aonde você está hoje. Por fim, não espere lucros rápidos, pois aqueles que enriquecem aos poucos tendem a manter seu dinheiro. Lembra-se dos milhares de ganhadores de loterias que repentinamente recebem uma bolada? Onde estão hoje? A maioria quebrou da noite para o dia, pois não estavam preparados para lidar com o patrimônio que receberam, então não faziam ideia de como transformá-lo em uma renda duradoura.

O dinheiro tem uma energia. Tendemos a focar muito no que temos e esquecemos de quem somos. A visão do sucesso está intrinsecamente relacionada aos nossos bens materiais e acabamos nos definindo pela nossa capacidade produtiva. Existe uma desconexão entre o que as pessoas querem da vida e seus investimentos. Como isso acontece?

Pense que você está em um jantar, no reino, e percebe que o rei está nu. Ninguém comenta nada, mas você continua achando aquilo estranho. Parece errado, mas, como todos aceitaram, você aceita também. Aí chega alguém e fala: "você percebeu que o rei está pelado?" Esse é o gatilho de que você precisa para perceber que não está sozinho, não está louco, e que o rei realmente está pelado!

O assessor de investimentos quase nada sabe da sua vida, mas ele fala um monte de baboseira, e a pessoa que não entende sai acuada, acreditando nele como detentor da verdade. O que deve realmente ser ponderado nem é discutido: os seus sonhos, os seus objetivos. O financês não importa e, muitas vezes, nos faz acreditar que nossos sonhos estão errados.

É o clássico exemplo daquele influencer de finanças que diz que comprar uma casa é idiota, é uma má escolha. Mas o sonho da vida da pessoa era comprar a tal da casa, e ela trabalhou e se organizou para fazer isso. É idiota? Obviamente não. Uma hora as pessoas devem perceber que o que importa são os sonhos. Tem uma hora que todos perceberão que o rei está nu, e o mercado financeiro vai ter que passar a discutir isso.

Deve-se aprender a atribuir função e experiência para o dinheiro que você recebe, não o contrário. O dinheiro carrega uma energia positiva quando ele lhe proporciona essas experiências, entende? A rentabilidade não é função única e exclusiva do dinheiro.

A riqueza não vem dos pequenos atos de poupança, mas sim do jeito que você vive a sua vida. A generosidade é um dos grandes pilares do enriquecimento saudável. A mentalidade de escassez é inerentemente pobre. Aqueles que falham em perceber que a prosperidade pode tomar várias formas raramente encontram a felicidade.

Prosperidade tem a ver com perder dinheiro (saber gastá-lo), estar disposto a pagar o que deve ser pago, compartilhá-lo. Não é só acumular dinheiro, é doar o que você aprendeu, compartilhar suas oportunidades e gerar uma energia de reciprocidade. Se você só pensa em ganhar do outro, perderá, no longo prazo.

A essência das finanças é isso: antes de ganhar dinheiro, primeiro você deve dá-lo. Comprar ações de uma empresa é justamente isso: emprestar seu dinheiro para conseguir um retorno no longo prazo. Seguindo essa lógica, vemos que as pessoas mais generosas tendem a ser mais prósperas. Não porque as pessoas ricas, depois de acumularem patrimônio, decidem doar — mas porque a generosidade é um sintoma que indica a possibilidade de sucesso.

Generosidade é uma forma de treinar e estabelecer uma mentalidade rica. Você está efetivamente treinando para ser mais rico. Se você tem 1 bilhão de reais, por exemplo, o que faz durante o dia? Paga coisas normais, que não requerem 1 bilhão de reais para serem feitas. Entende onde quero chegar? O que importa é o fluxo do dinheiro, não seu estoque.

É como energia elétrica na sua casa: você usa cotidianamente, mas não a estoca, como uma usina faria, pois você precisa que ela corra pela sua casa para funcionar. Quando seu fluxo de dinheiro é ruim, é como aquela lâmpada que fica piscando. Aprenda a ver o seu dinheiro como corrente, como energia.

Temos muito medo da nossa pilha de dinheiro sumir e acabamos nos tornando mesquinhos — mas, se você tem o fluxo, você não precisa necessariamente da pilha.

Pague o preço, sem contabilizar os custos

Gosto de pensar na vida como uma longa viagem de avião. Se prestarmos atenção, são compostas das mesmas etapas básicas. Primeiramente, existe todo um preparo para a viagem, certo? O piloto se prepara; a companhia se prepara; os passageiros, idem. Uma rota é milimetricamente calculada, desde a origem até o destino final; um horário certo para partida e para a chegada é determinado; o plano está claro. Esse momento de preparo é o mesmo de quando você está delineando os seus objetivos, traçando qual caminho da vida quer tomar.

Depois do planejamento, temos a decolagem. A hora da decolagem é crucial e é exatamente quando muitos fatores podem interferir e impedir o voo. É necessário muito esforço para sair da inércia e verdadeiramente levantar o voo. Isso é você, tentando começar sua trajetória com investimentos, ou na academia, instalando novos hábitos etc. Não deixe a inércia impedi-lo. O empurrão inicial é tudo o que você precisa para engatar e decolar, mas, se você for devagar e com medo, não conseguirá sair do chão.

Quando você está voando, não precisa mais de tanta energia. Aqui é a hora de ter que se adaptar às condições adversas que podem surgir durante o voo. Embora você tenha planejado tudo milimetricamente, 99% do tempo você estará fora do curso que planejou, por causa do vento, da gravidade, de tempestades, entre outros. A grande tarefa da vida é corrigirmos o curso, adaptarmo-

-nos às condições adversas que enfrentamos, ao longo do caminho. Na vida, como nos nossos objetivos financeiros, devemos estar dispostos a sair da inércia e preparados para fazer ajustes em nossa rota. Afinal, sair do percurso por 1 grau durante um minuto não fará diferença, mas sair dele por 1 grau durante três horas mudará completamente o seu destino final. Não durma ao volante, tenha responsabilidade e realize as correções necessárias (de hábitos, rotina, determinação) para chegar ao destino final que você escolheu.

Essas correções se tornam muito mais fáceis para aqueles que possuem uma mentalidade de abundância. Com essa mentalidade, é possível se desapegar das coisas pequenas e se ligar em um plano maior, com menos desvios no caminho. Praticar a generosidade é um excelente treino para obter um mindset de abundância. A generosidade nos aponta a insignificância dos pequenos empecilhos, do perfeccionismo, e indica os danos que podem ser causados por uma mentalidade fechada e mesquinha. Pratique pequenos atos de generosidade, ao longo do dia, e verá uma mudança na sua mentalidade, nos seus hábitos e no seu estilo de vida. O que você está esperando para decolar?

NÃO AMALDIÇOE O DEMÔNIO QUE LHE ESTENDEU A MÃO

Você acordou cedo, resolveu preparar um café da manhã esplendoroso para alegrar seu dia e, em vez de comer o iogurte que estava na geladeira, decidiu que iria fritar ovos. Você está fritando os seus ovos e o óleo quente espirra e queima sua mão. Qual a primeira coisa que você faz? Xingar a panela, muito provavelmente.

Xingar a panela não faz sentido. Não só pelo fato de ser um objeto inanimado, incapaz de compreender o xingamento, mas porque a culpa é sua. Você fritou os ovos sabendo do risco de mexer com óleo quente; então, é irracional magoar-se com isso.

Não amaldiçoe o demônio que lhe estendeu a mão. Você fala com ele, ele o avisa que é perigoso, que é um demônio, e você mesmo assim o aceita. Quando ele o ludibriar, você não pode culpá-lo — afinal, o erro de aceitar a mão dele foi completamente seu.

A questão é que, muitas vezes, evitamos nos responsabilizar por nossas ações. É muito mais fácil culparmos os outros pelos nossos erros e nossas atitudes negativas, enquanto ficamos com todo o crédito pelas nossas conquistas e realizações.

É necessário, principalmente nos dias de hoje, exercermos a humildade de reconhecer que nossas conquistas não são puramente nossas, mas nossos erros são. Ao tomar consciência disso, nós passamos de vítima — de agente passivo — para um agente transformador da nossa vida. Você se moverá do efeito para a causa e, efetivamente, conseguirá moldar o seu *lifestyle*, em vez de apenas reagir ao que é jogado no seu caminho. Você escolherá o caminho.

Para isso, pare de culpar os outros pelo seu infortúnio. O ato da culpabilização prende-o no modo de vítima e impede-o de alterar a situação. Quando paramos de culpar, podemos nos questionar: "qual é o meu papel nisso tudo?" ou "o que eu posso fazer para sair dessa situação?".

Outra medida necessária para a responsabilização é parar de reclamar e começar a agradecer. Reclamar é simplesmente outra forma de culpar coisas externas por seus erros e suas escolhas. Agir como se você não tivesse alternativas, como se uma desventura fosse o fim do mundo, realmente fará com que seja. Pergunte-se: "qual é a oportunidade aqui?" e "o que posso aprender com esse revés?".

Um aspecto crucial dessa mentalidade de agente transformador é a habilidade de não levar as coisas para o lado pessoal. Todos sabemos que o mundo não gira em torno de nós, mas poucos realmente aplicam esse pensamento na prática. Se alguém discorda de você, não há motivo para levar para o lado pessoal. Na realidade, nunca há. Mesmo quando as pessoas nos insultam, elas simplesmente estão apontando suas próprias inseguranças e tolices. Essa é uma prática verdadeiramente libertadora, que trará uma resiliência mental e paz de espírito para a sua vida.

Finalmente, se responsabilize também pela sua felicidade. Não devemos nos responsabilizar apenas pelos maus atos que cometemos, mas pelo nosso estado de espírito também. Entenda que a sua felicidade não virá de algo externo, não pode ser provida por outro ser humano. Ela deve vir de dentro. Pratique coisas que façam você feliz ao longo do dia e não se esqueça de alimentar a sua alma e sua mente cotidianamente.

Menos ego, mais oportunidades

Já ouviu falar da punição altruísta? Digamos que você achou R$ 100 na rua e vai dividir com o seu amigo: 30% para ele, 70% para você. Entretanto, se o seu amigo não aceitar a proposta, vocês dois ficam com zero reais. A maioria dos amigos negaria a proposta, pois acham a divisão injusta.

A pessoa, por identificar uma suposta injustiça, prefere ficar com zero do que com trinta reais. Parece absurdo, certo? Mas acontece muito frequentemente, inclusive no mundo dos investimentos. Quando aparece uma oportunidade de investimento, muitas pessoas — ao identificarem que outros ganharão um prêmio maior que o delas — recusam a proposta, desperdiçando ótimas oportunidades.

Esse é o ego entrando no caminho do seu enriquecimento. Quando o deixamos agir, acabamos levando a opinião dos outros mais em conta do que as nossas decisões, e não racionalizamos o que realmente seria melhor para nós mesmos. É isso que faz com que você se fixe, ao negociar com alguém, naquilo que aquela pessoa está pensando de você.

Deve-se buscar, portanto, deixar o ego de lado para que se consiga aproveitar todas as oportunidades que são lançadas em nosso caminho e otimizar a jornada até a conquista de nossos objetivos, angariando experiências que podemos viver intensamente e rememorar, com gratidão e alegria.

EPÍLOGO:
A AXIOM E A NOSSA MISSÃO

Criamos a AXIOM buscando ser o Sr. Miyagi dos investimentos e mudar o paradigma das pessoas acerca do que é ser um investidor. Não manejamos capital cegamente, buscamos uma revolução no estilo de vida e na mentalidade daqueles que querem ser nossos parceiros. Ao ajudarmos você a definir seus objetivos e criar um plano financeiro alinhado com suas metas, estamos implementando uma série de reflexões que serão aplicadas em todas as esferas da sua vida, não somente no âmbito financeiro.

Visamos caminhar ao seu lado, para desfrutarmos dessa jornada em conjunto, ajudando você a alcançar os seus sonhos e cumprir seus objetivos. Com objetivos claros, nos aproximamos daquilo que gostaríamos de nos tornar. A nossa missão é justamente esta: ajudar a identificar seus objetivos de vida, criar soluções de investimento, cuidar do seu patrimônio, para que você consiga viver o estilo de vida com que sempre sonhou.

Ao embarcar na sua jornada, mantenha em mente os ensinamentos deste livro. Não se deixe abalar pelos momentos de dificuldade, encare tudo com uma mente de principiante, seja um eterno aprendiz. Agradeça, medite e pare de seguir cegamente as tendências do mercado. Você merece e pode se tornar um investidor bem-sucedido e cumprir as metas que delineou para a sua trajetória.

O que a AXIOM visa fazer é poupar o seu bem mais precioso: o tempo. Nós oferecemos uma gestão patrimonial transparente, dedicada aos seus objetivos de vida, para que você possa dedicar ainda mais tempo ao que faz o seu coração bater mais forte.

REFERÊNCIAS

ARISTÓTELES. *A Ética*: textos selecionados. 3. ed. São Paulo: Edipro, 2015.

_____. *Ética a Nicômaco*. 4. ed. São Paulo: Edipro, 2018.

BACON, Francis. *Ensaios*. 2. ed. São Paulo: Edipro, 2015.

_____. *Novum Organum*. New Organon, 1620.

BROWN JR., H. Jackson. *Pequeno manual de instruções para a vida*: dicas para ter uma vida realmente feliz e gratificante. [S. l.]: Thomas Nelson Brasil, 1991.

COLLINS, Katherine. *The Nature of Investing*: Resilient Investment Strategies Through Biomimicry. Brookline, MA: Bibliomotion, 2014.

DALIO, Ray. *Princípios*. 1. ed. Rio de Janeiro: Intrínseca, 2018.

DAVIDSON, Richard; GOLEMAN, Daniel. *A ciência da meditação*: como transformar o cérebro, a mente, e o corpo. São Paulo: Objetiva, 2017.

DECKERSBACH, Thilo; HÖLZEL, Britta; EISNER, Lori; LAZAR, Sara W.; NIERENBERG, Andrew A. *Mindfulness-Based Cognitive Therapy for Bipolar Disorder*. New York: Guilford Press, 2014.

DUHIGG, Charles. *O poder do hábito*: por que fazemos o que fazemos na vida e nos negócios. 2. ed. São Paulo: Objetiva, 2012.

DWECK, Carol. *Mindset*: A nova psicologia do sucesso. São Paulo: Objetiva, 2017.

ESPINOSA, Bento de. *Ética*. Introd. e Notas de Joaquim de Carvalho, Tradução de Joaquim de Carvalho, Joaquim Ferreira Gomes e António Simões. [S.l.]: Relógio d'Água, 1992.

HARARI, Yuval. *Homo Deus*: uma breve história do amanhã. São Paulo: Companhia das Letras, 2016.

HAWKING, Stephen. *Uma breve história do tempo*. Rio de Janeiro: Intrínseca, 2015.

HOMERO. *A Odisseia*. São Paulo: Principis, 2020.

HONDA, Ken. *Happy Money*: The Japanese Art of Making Peace with Your Money. London: John Murray, 2019.

KAHNEMAN, D. *Rápido e devagar*: duas formas de pensar. São Paulo: Objetiva, 2012.

KAHNEMAN, D., CHAJCZYK, D. *Tests of the automaticity of reading*: Dilution of Stroop effects by color-irrelevant stimuli. Journal of Experimental Psychology: Human Perception and Performance, 1983.

KAHNEMAN, D.; TVERSKY, A. Subjective probability: A judgment of representativeness. *Cognitive Psychology*, v. 3, p. 430-454, 1972. Disponível em: http://dx.doi.org/10.1016/0010-0285(72)90016-3. Acessado em: 19 abr. 2023.

KEATS, John. *Selected Letters*. London: Penguin Group, 2015.

LAÉRCIO, Diógenes. *Les Vies Des Plus Illustres Philosophes De L'antiquité*. v. II. Charleston, South Carolina: Nabu Press, 2021.

LANGER, Ellen. *Atenção plena*: como praticar mindfulness em todas as áreas de sua vida. São Paulo: Benvirá, 2018.

LUCHINS, Abraham. *A Functional Approach to Training in Clinical Psychology*: Via Study of a Mental Hospital. [S. l.]: Literary Licensing, LLC, 2012.

MACHIDA, Lyoto. *O código do dragão*: descubra os 7 valores samurai para conquistar a vitória. São Paulo: Planeta, 2020.

MANDELBROT, Bernoit. *The Fractal Geometry of Nature*. 638. ed. [S. l.]: W.H. Freeman, 1982.

MLODINOW, Leonard. *Elástico*: como o pensamento flexível pode mudar nossas vidas. Rio de Janeiro: Zahar, 2018.

_____. *O andar do bêbado*: como o acaso determina nossas vidas. Rio de Janeiro: Zahar, 2009.

NIETZSCHE, F. *Humano, demasiado humano*. In: SAVIAN FILHO, J. Filosofia e filosofias. Existência e sentidos. Belo Horizonte: Editora Autêntica, 2016, p. 286.

OAKLEY, Bárbara. *Aprendendo a aprender*: como ter sucesso em matemática, ciências, e qualquer outra matéria. São Paulo: Infopress, 2015.

OLIVEIRA, Bruno S. F. Era óbvio que isso iria acontecer: considerações sobre o viés retrospectivo. *Revista de Psicologia*, Fortaleza, v. 8, n. 2, p. 63-71, jul./dez. 2017. Disponível em: https://repositorio.ufc.br/bitstream/riufc/27974/1/2017_art_bsfoliveira.pdf. Acessado em: 7 mar. 2023.

PINKER, Steven. *O novo iluminismo*: em defesa da razão, da ciência e do humanismo. São Paulo: Companhia das Letras, 2018.

POPPER, Karl. *A sociedade aberta e seus inimigos*: O Sortilégio de Platão. 1. ed. Coimbra, Portugal: Edições 70, 2012.

_____. *Conjecturas e refutações*. Coimbra, Portugal: Edições 70, 2018.

ROVELLI, Carlo. *A realidade não é o que parece*: uma jornada pela física quântica. São Paulo: Objetiva, 2017.

_____. *A ordem do tempo*. São Paulo: Objetiva, 2018.

Sadhguru. *Midnights with the Mystic*. Índia: Jaico Publishing House, 2010.

SOUZA, Nancy; VALLE, Bortolo. *Karl Popper*: conhecimento e tolerância. Curitiba: CRV, 2020.

SUZUKI, Shunryu. *Mente zen, mente de principiante*. 3. ed. São Paulo: Palas Athena, 1994.

TALEB, Nassim Nicholas. *A lógica do cisne negro*: O impacto do altamente improvável. São Paulo: Objetiva, 2021.

_____. *Antifrágil*: coisas que se beneficiam com o caos. São Paulo: Objetiva, 2020.

VERSIGNASSI, Alexandre. O maior meme de Einstein. *Revista Superinteressante*, 20 out. 2017. Disponível em: https://super.abril.com.br/coluna/alexandre-versignassi/o-maior-meme-de-einstein/. Acessado em: 7 mar. 2023.

FONTE Utopia Std
PAPEL Pólen Natural 80 g/m²
IMPRESSÃO Paym